Modelos Contemporâneos de
JUSTIÇA CRIMINAL

Justiça
- **Terapêutica**
- **Instantânea**
- **Restaurativa**

A179m   Achutti, Daniel
	Modelos contemporâneos de justiça criminal: justiça terapêutica, instantânea, restaurativa / Daniel Achutti. – Porto Alegre: Livraria do Advogado Editora, 2009.
	122 p.; 23 cm.
	ISBN 978-85-7348-652-0

	1. Processo penal. 2. Criminologia. I. Título.

	CDU – 343.1

Índices para catálogo sistemático
Processo penal   343.1
Criminologia   343.9

(Bibliotecária responsável: Marta Roberto, CRB-10/652)

Daniel Achutti

Modelos Contemporâneos de
JUSTIÇA CRIMINAL

Justiça
- Terapêutica
- Instantânea
- Restaurativa

livraria
DO ADVOGADO
editora

Porto Alegre, 2009

© Daniel Achutti, 2009

Capa, projeto gráfico e diagramação
Livraria do Advogado Editora

Revisão
Rosane Marques Borba

Direitos desta edição reservados por
Livraria do Advogado Editora Ltda.
Rua Riachuelo, 1338
90010-273 Porto Alegre RS
Fone/fax: 0800-51-7522
editora@livrariadoadvogado.com.br
www.doadvogado.com.br

Impresso no Brasil / Printed in Brazil

A Mário Goulart da Silva
e Janina Achutti
(*in memorian*)

Agradecimentos

Aos meus pais e irmãos, Maria Inez e George, Mariah e Gustavo, por tudo. Da mesma forma, às famílias Silva e Achutti, nas pessoas de Maria da Graça e Nilton Nicola, estimados tios e padrinhos, pelo suporte desde meus primeiros dias de vida.

Aos meus amigos e orientadores, Alexandre Wunderlich e Salo de Carvalho: da academia aos tribunais, dois grandes exemplos de profissionais competentes e dedicados. O apoio deles foi [é] indispensável para mim – da graduação ao doutorado e na advocacia. Esta obra não existiria se não fossem os seus constantes incentivos à pesquisa (sempre) crítica e transdisciplinar das ciências criminais.

A todos os professores do Programa de Pós-Graduação em Ciências Criminais da PUCRS, em especial à Profa. Dra. Ruth Maria Chittó Gauer, coordenadora incansável do Programa e detentora de um conhecimento assustador; ao Prof. Dr. Ricardo Timm de Souza, representante de uma filosofia inabalável na busca por *Justiça*, amigo precioso e notável incentivador de uma necessária procura por novos horizontes para a violência domesticada da justiça criminal; e ao Prof. Dr. Rodrigo Ghiringhelli de Azevedo, por todo o conhecimento dispensado nas aulas e pela amizade desenvolvida. Evidentemente, também agradeço às funcionárias da secretaria, Caren, Márcia e Patrícia, desde o início prestando todo o apoio e me aturando quase todos os dias.

Agradeço, do mesmo modo, aos membros da banca examinadora: ao Prof. Dr. Nereu José Giacomolli, não apenas pelas críticas perspicazes sobre o texto, mas também pelo indispensável apoio e incentivo para a publicação deste trabalho; e ao Prof. Dr. Luiz Antônio Bogo Chies, igualmente um grande amigo, cujas intervenções abolicionistas continuam a orientar os meus estudos e a fomentar as minhas esperanças.

À Fernanda Osorio, parceira na advocacia que, para minha sorte, acabou por se tornar uma inestimável amiga. Comprometida com o desenvolvimento de um trabalho sério e ético tanto no foro quanto na academia, presentifica com brilhantismo a superação de mofados preconceitos de gênero na seara criminal. Ainda, à família Corrêa Osorio, na pessoa de Marília, querida amiga cuja companhia tenho o prazer de desfrutar quase diariamente.

Aos colegas do Curso de Mestrado e, agora, inestimáveis amigos: Giovane Santin, Roberto Rodrigues, Saulo Marimon e Gustavo Ávila, pessoas com quem estou sempre em constante processo de aprendizagem. Aos caríssimos amigos e amigas do Instituto de Criminologia e Alteridade (ICA): Alexandre Costi Pandolfo, Carla Alimena, Gabriel Antinolfi Divan, Grégori Elias Laitano, Janaína de Souza Bujes, Marcelo Mayora, Marco Antônio de Abreu Scapini, Mariana de Assis Brasil e Weigert, Mariana Garcia, Moysés da Fontoura Pinto Neto, Nereu Lima Filho, Rafaella Pallamolla, Vinícius Gil Braga e Zé Linck: suas permanentes companhias e amizades colaboraram decisivamente para o desenvolvimento deste trabalho e das ideias que nele possam estar a ecoar. Quero compartilhar este livro especialmente com vocês, que de forma incessante não me deixam parar de (re)pensar o meu próprio pensamento. Muito obrigado!

À Livraria do Advogado, na pessoa de Walter, pela valiosa atenção dispensada durante o processo de publicação.

Não posso deixar de agradecer, também, a Mário e Alberto Wunderlich, grandes amigos e competentes advogados; Ana Cristina Borba Alves, Fausto Mânica, Gustavo Corbellini, João Carlos Cerato Junior, Marcelo Ruivo, Natalie Ribeiro Pletsch e Mônica Delfino – todos colegas nos mais diversos momentos acadêmicos e profissionais – e muitos outros amigos e amigas, que apenas não são aqui citados pela minha imperdoável falta de memória.

Por fim, aos meus (ex)alunos e alunas, cujas simples presenças nas salas de aula (e fora delas) me deixam muito claro que o aprendizado não termina nunca, e que eles sempre terão muito mais a me ensinar do que eu a eles.

"... a procura das coisas perdidas é dificultada pelos hábitos rotineiros e é por isso que dá tanto trabalho encontrá-las".

Gabriel García Márquez

Sumário

O autor e o seu (con)texto
por Alexandre Wunderlich e Salo de Carvalho 13

Introdução 17

1. A ciência moderna e a solução de conflitos pelo processo penal: da revolução científica do século XVI à contemporaneidade 23
    1.1. Galileu, Newton e a emergência do pensamento moderno 23
    1.2. Da continuidade do projeto científico medieval: a constituição do processo penal brasileiro a partir do sistema inquisitorial 30
    1.3. Da modernização do processo penal: o abandono das justificativas teológicas 37
    1.4. O positivismo jurídico de Hans Kelsen: a autolegitimação do ordenamento e o narcisismo jurídico (penal) 39
    1.5. A solução de conflitos na contemporaneidade: o Processo Penal moderno 44
        1.5.1. A função protetiva do processo penal 45
        1.5.2. A teoria do garantismo penal 46
            1.5.2.1. A vigência e a validade das normas: novo paradigma de legitimação normativa 48
            1.5.2.2. O processo e as garantias 49

2. O processo penal brasileiro e os modelos alternativos à justiça criminal 53
    2.1. Breve análise da exposição dos motivos do vigente Código de Processo Penal brasileiro 53
    2.2. A crise do processo penal tradicional e a emergência dos modelos alternativos à justiça criminal 55
    2.3. Os Juizados Especiais Criminais e os modelos alternativos à justiça criminal: os primeiros sintomas da crise 60
        2.3.1. Os princípios informadores dos Juizados Especiais Criminais 63
        2.3.2. A ruptura dos Juizados Especiais Criminais: a introdução do diálogo no processo penal 65

2.4. A justiça terapêutica 67
2.5. A justiça restaurativa 71
2.6. A justiça instantânea 77
    2.6.1. Procedimento 78
    2.6.2. Justificativas 78
2.7. Os novos modelos de administração da justiça criminal: semelhanças e diferenças 81
    2.7.1. Semelhanças 81
    2.7.2. Diferenças 82

3. As novas formas de administração da justiça criminal: para além do processo penal 83
3.1. O século XX e o fim das certezas 83
3.2. Os limites do processo penal na sociedade contemporânea 90
3.3. As novas formas de justiça criminal assumem a complexidade 93
    3.3.1. Os Juizados Especiais Criminais: abordagem crítica 95
    3.3.2. A justiça terapêutica: abordagem crítica 98
    3.3.3. A justiça restaurativa: abordagem crítica 100
        3.3.3.1. A inserção da vítima no enfrentamento do problema criminal 100
        3.3.3.2. Um novo paradigma processual penal 101
    3.3.4. A justiça instantânea: abordagem crítica 103
3.4. Para Além do Processo Penal 106

Considerações finais 109

Referências 117

O autor e o seu (con)texto

Honra-nos Daniel Achutti com o convite de prefaciar/apresentar seu primeiro livro, fruto de investigação de Mestrado realizada no Programa de Pós-Graduação em Ciências Criminais da Pontifícia Universidade Católica do Rio Grande do Sul (PUCRS – PPGCCrim).

Devemos registrar ao leitor, ainda que preliminarmente, a felicidade em ler o texto e compartilhar desta obra com esta pequena contribuição.

Em 2008, o PPGCCrim completou dez anos de atividade, coincidindo a passagem de uma década que somos professores da Faculdade de Direito da PUCRS. Neste período, dedicamo-nos conjuntamente com nossos colegas docentes na construção e na solidificação de uma ideia: um Programa de Pós-Graduação em Ciências Criminais que, desde a perspectiva da transdisciplinaridade, oferecesse à comunidade científica nacional abordagem crítica dos problemas relacionados à violência, ao crime e ao controle social. Para nossa felicidade, o projeto ganhou reconhecimento nacional e em 2009 abriu sua primeira turma de Doutorado, da qual faz parte Daniel.

Ao longo destes anos, vivemos a academia de forma intensa e, junto com os demais professores e alunos, construímos, mais que um Curso, um projeto que se consolida hoje em uma escola aberta de Criminologia e de Direito Penal. Nascida no PPGCCrim da PUCRS se fortaleceu no Instituto Transdisciplinar de Estudos Criminais (!TEC).

A publicação de Daniel Achutti é motivo de euforia em decorrência de sua trajetória estar diretamente ligada a este processo. Daniel é partícipe e herdeiro deste movimento. Ao estar conosco desde a graduação – orientando no Trabalho de Conclusão de Curso de Alexandre Wunderlich, seu paraninfo em 2004, e orientando no Mestrado de Salo de Carvalho –, fortalecemos vínculos de acadêmicos e profissionais que se solidificaram em indiscutível vínculo afetivo.

De aluno pesquisador e interessado, Daniel passou a ser colega de atividade docente, interlocutor de nossos diálogos e cúmplice de nossas vivências diárias. Muitas vezes foi coautor de nossos artigos e participante ativo de nossas pesquisas e seminários.

Assim, partilhamos as mesmas ideias, os mesmos ideais e lutamos juntos, assumindo o compromisso da defesa intransigente da Constituição da República e das garantias constitucionais.

Neste momento de reflexão sobre o autor e a sua obra, Daniel nos faz pensar que lecionar ainda vale à pena, pois formamos na Faculdade de Direito e no PPGCCrim da PUCRS um extraordinário professor, um pesquisador de qualidade.

Mas Daniel não é apenas um "teórico" – na tonalidade pejorativa daqueles que ainda acham que possa existir teoria sem prática ou que a prática é possível emergir alheia a uma teoria que a informe –, é um militante humanista que detém uma sensibilidade invulgar e que está preocupado com a prática forense e com a necessidade de diminuir o espaço existente entre a produção acadêmica e as decisões dos Tribunais. Desta forma, para além de sua atividade docente, é também advogado combativo e competente.

Assim, apresentar o autor da investigação intitulada *Modelos Contemporâneos de Justiça Criminal*" não é tarefa difícil, pois falamos ao leitor de um aluno que vimos crescer, de um colega que admiramos e de um amigo que cultivamos.

Acompanhamos sua carreira desde o princípio, passo a passo, ano a ano e vimos o seu amadurecimento pessoal, o que se percebe na leitura do trabalho que ora ganha publicação.

Longe de tentar se esconder no mito da "neutralidade científica", Daniel tem personalidade e deixa claro seu referencial teórico, inclusive para que críticas a ele possam ser direcionadas.

A defesa do modelo garantista, comungada por nós, permite projetar a construção de modelo de justiça criminal desde outros referenciais, como o da redução dos danos causados pela inábil interferência do direito penal, sobretudo nos países periféricos da América Latina, países de modernidade incompleta como o Brasil.

A luta por um modelo jurídico estruturado no pensamento garantista permite a crítica e a visualização de modelos alternativos ao falido sistema criminal. O norte e o objetivo, contudo, são claros: *"es el fruto de una opción garantista a favor de la tutela de la inmunidad de los inocentes, incluso al precio de la impunidad de algún culpable"* (Ferrajoli).

Por todos estes motivos, é um grande prazer e renovado orgulho apresentar aos leitores o autor e sua obra.

E está de parabéns a Livraria do Advogado por, mais uma vez, receber um autor comprometido com a defesa da "boa ciência". A obra deve ser lida e apreciada por todos aqueles que querem retirar os véus do discurso hipócrita que têm pautado o sistema de justiça criminal nas últimas décadas.

PUCRS, março de 2009.

Alexandre Wunderlich
Prof. Coord. do Dep. de Direito Penal e Processual Penal e do Pós-Graduação em Direito Penal Empresarial da PUCRS.

Salo de Carvalho
Prof. Titular de Criminologia e Direito Penal do PPGCCrim da PUCRS.

Introdução

Ao iniciar o presente trabalho, tomamos como referência uma inquietação de Antônio Gramsci:

> (...) é preferível "pensar" sem disto ter consciência crítica, de uma maneira desagregada e ocasional, isto é, 'participar' de uma concepção do mundo 'imposta' mecanicamente pelo ambiente exterior, ou seja, por um dos vários grupos sociais nos quais todos estão automaticamente envolvidos desde sua entrada no mundo consciente (...) ou é preferível elaborar a própria concepção do mundo de uma maneira crítica e consciente e, portanto, em ligação com este trabalho próprio do cérebro, escolher a própria esfera de atividade, participar ativamente na produção da história do mundo, ser o guia de si mesmo e não aceitar do exterior, passiva e servilmente, a marca da própria personalidade?[1]

Optamos, portanto, por um trabalho pretensamente crítico, que não se constituísse em um servil aliado das tradicionais ideias dominantes tanto no processo quanto no direito penal.

A necessidade de se pensar para além das possibilidades da teoria garantista, admitimos, foi fundamental para o desenvolvimento desta investigação: desde que tivemos contato com as lições de Luigi Ferrajoli, começamos a pensar o processo penal não como um simples meio para aplicar o direito penal e punir os cidadãos acusados da prática de um delito, mas, antes, como um instrumento imprescindível para a aplicação dessa punição, como o caminho necessário a ser percorrido quando se pretende acusar e condenar alguém.

A partir de então, adotamos a teoria garantista como marco teórico de nosso pensamento jurídico-penal. A defesa dessa teoria não é e nunca foi fácil: o discurso defensivista, propagado há muito por alguns doutrinadores e por vários códigos processuais penais ao redor do planeta, possui uma adesão facilitada, uma vez que seus argumentos são atraentes e, em princípio, não exigem maiores abs-

---

[1] GRAMSCI, Antônio. *Concepção Dialética da História*, p. 12.

trações teóricas para que sejam compreendidos, e a sua adoção em grande parte da jurisprudência nacional, por sua vez, é explícita.

Como se isso não bastasse, a ampla campanha midiática e legislativa de "caça aos criminosos" prepara e fertiliza o terreno para a divulgação e a defesa desse discurso. A grande desgraça da humanidade passou a ser o crime e, por óbvio, o "agente" do delito passou a ser perseguido como responsável pelas mazelas provocadas pela sua atitude desviante. A violência e a impunidade são constantemente lembradas pela mídia, que divulga fotos de pessoas mortas, de crianças espancadas, de idosos roubados – e, evidentemente, sempre que possível, estampa a face dos acusados capturados pela polícia, sem o menor pudor ou respeito à imagem dessa pessoa.

Ninguém defende que os culpados não devam ser responsabilizados, e tampouco que a polícia não deva cumprir o seu papel: o que surpreende é que se propaga a imagem do criminoso como a *imagem encarnada do mal*. A censura midiática ilimitada não só deve ser esquecida, como deve ser terminantemente proibida: mas a dignidade humana, até onde acreditamos, deve balizar a ética no jornalismo, sob pena de termos uma imprensa livre, porém atentatória aos direitos humanos. Antes a mídia reclamava não possuir liberdade; hoje, de tão livre, passou de vítima a ofensora, invertendo o seu papel em uma democracia.

Desde que iniciamos o curso de Mestrado em Ciências Criminais, no Programa de Pós-Graduação em Ciências Criminais da Pontifícia Universidade Católica do Rio Grande do Sul, percebemos que seria possível realizar esse trabalho: não apenas pelo seu alinhamento com as ideias do referido Programa, mas principalmente pela possibilidade de desenvolvermos um trabalho cuja principal referência é a transdisciplinaridade para a abordagem dos problemas de pesquisa: acreditávamos que não seria possível pensar para além do processo penal senão através de um estudo eminentemente transdisciplinar.

Tal hipótese foi confirmada: o curso propiciou uma experiência sem tamanho quando possibilitou a participação nas aulas de outros Programas de Pós-Graduação da PUCRS, como os de Filosofia e História, por exemplo. As aulas assistidas nesses programas enriqueceram a percepção do problema e confirmaram o que já imaginávamos: é absolutamente complicado lidar com os problemas do direito no século XXI sem abandonar as amarras das disciplinas científicas, sem pensar o direito a partir de referenciais outros – metajurídicos, por excelência.

Nesse contexto, iniciamos a realização do presente trabalho, sob a orientação segura do Prof. Dr. Salo de Carvalho. A proposta era abordar uma suposta crise do processo penal desde as novas formas de administração da justiça criminal: tomando os Juizados Especiais Criminais como marco histórico-legal de "início" dessa análise da crise, pretendíamos averiguar como o processo penal é pensado atualmente desde essas novas formas de enfrentar os problemas que, antes, eram de exclusividade do tradicional sistema de justiça criminal.

Partindo de um momento histórico determinado, percebemos que a raiz epistemológica do tradicional processo penal nos remete a tempos longínquos: desde uma reconstrução dos métodos de perseguição aos hereges capitaneados pela Igreja Católica na idade média até a emergência do pensamento e da estruturação da ciência modernos, foi possível notar que não bastava uma abordagem jurídica para o enfrentamento do nosso problema de pesquisa: uma incursão na história e, especialmente, na história das ideias – com as brilhantes lições da Profa. Dra. Ruth Maria Chittó Gauer – fez-se absolutamente necessária, a fim de demonstrarmos como se estruturou o paradigma atual de ciência e, ainda, como poderíamos pensar o processo penal inserido nesse contexto.

Para isso nos serviu o primeiro capítulo, onde fizemos uma abordagem histórica tanto da construção do procedimento inquisitório capitaneado pelos Tribunais da Inquisição quanto das formas e condições que possibilitaram uma virada de eixo no pensamento da época: em detrimento de um teocentrismo religioso, propagou-se a ideia de um antropocentrismo laico, fundado na razão humana como diferenciador do ser humano em relação aos demais "objetos" que o cercava.

Ao final desse capítulo, abordamos o direito como ciência (pura), para demonstrar como essa lógica se estruturou na ciência jurídica do século XX e, em seguida, apresentamos a teoria do garantismo penal de Ferrajoli, que elegemos para servir de base para analisar e expor o processo penal moderno como procedimento laico e desarraigado de justificativas teológicas.

No segundo capítulo, fizemos uma abordagem das justificativas do atual processo penal brasileiro, com a intenção de demonstrar que, apesar de a ciência moderna estruturar epistemologicamente o processo penal vigente, muito do que foi pensado no medievo ainda persiste, como a pretensão de busca da verdade e a perseguição aos hereges que atentam contra a doutrina e a fé cristã – hoje, pode-se ler *perseguição aos delinquentes que atentam contra a ordem*.

Ainda no segundo capítulo, apresentamos sinteticamente a estruturação dos Juizados Especiais Criminais, demonstrando como rompe com a moderna *lógica da exclusão* existente no processo penal, ou seja, com a lógica do sujeito-objeto, inserindo a vítima no início de seu procedimento. Dessa forma, viabilizou o diálogo no processo penal, o que era absolutamente impossível no tradicional sistema de justiça criminal.

Desde a implantação dos Juizados, foi possível pensar em termos de informalização da justiça criminal e, portanto, de possibilidades outras além do processo penal. No território nacional, especificamente no Estado do Rio Grande do Sul, encontramos, durante o período da pesquisa (agosto de 2005 a novembro de 2006), três novas formas de administração da justiça criminal: a Justiça Terapêutica, a Justiça Restaurativa e a Justiça Instantânea.

Um por um, esses três modelos de justiça criminal são apresentados, podendo-se perceber suas premissas, suas intenções e seus discursos legitimantes, assim como a possível viabilidade de aplicação cotidiana nos foros e tribunais. Por conta da pretensão do presente trabalho – apresentar e analisar a crise do processo penal desde a emergência dessas novas formas de justiça criminal – e de seus limites espaciais e temporais para a sua concretização, não foi possível um maior aprofundamento dessas *justiças*, sob pena de mudança de foco e de expansão demasiada da investigação. Porém, apresentamos as mesmas contendo o que nos pareceu imprescindível para atingirmos os nossos objetivos: demonstrá-las como opção aplicada em relação ao tradicional processo penal.

Por fim, no terceiro capítulo, realizamos uma análise crítica acerca das possibilidades do processo penal no século XXI, quando apontamos os motivos da crise epistemológica da ciência moderna e, portanto, das raízes científicas do próprio processo penal. Partindo dessa análise, passamos a questionar se as novas formas de justiça criminal (Justiças Terapêutica, Restaurativa e Instantânea), desde os Juizados Especiais Criminais, estão aptas a superar esse paradigma (moderno) do tradicional sistema de justiça criminal brasileiro.

Para além de uma análise meramente conceitual, estudamos essas novas formas de justiça criminal pensando-as desde a possibilidade de sua efetivação e, ainda, indagando se são passíveis de apresentar melhores resultados do que o processo penal tradicional. Quiçá, pensamos as mesmas como possíveis alternativas futuras ao processo penal: se este está mesmo em crise, necessário que se pense em alternativas, e foi isso o que moveu praticamente todo esse trabalho: a possibilidade de pensarmos em alternativas.

E a crise do processo penal aponta, necessariamente, para novos pensamentos e novas racionalidades. Se não foi possível produzir os *efeitos* desejados com a atual estrutura processual penal, o que nos impede de pensar em alternativas? Acreditamos que uma nova roupagem está a ser construída para o processo penal. Nada, entretanto, deverá ser colocado em prática antes de uma longa e séria discussão com os interessados: quanto a isso, concordamos com Jacinto Nelson de Miranda Coutinho:[2] não é possível brincar com a liberdade dos cidadãos.

Porém, pensamos também que não é mais possível esperar o tempo fluir e permanecer inerte em relação a este problema: ou pensamos em novas e concretas alternativas ao processo penal, ou mantemos esse sistema de justiça criminal – defasado, estigmatizante e cientificamente insustentável. Essas novas formas de administração da justiça criminal são justamente o que tentamos abordar, a fim de iniciarmos uma discussão que, acreditamos, está apenas se iniciando.

O resultado, que ora se publica pela Livraria do Advogado Editora, é este. Fruto de pesquisa realizada durante o biênio 2005-2006, certamente deixa um legado de mais dúvidas do que certezas, em especial quanto à sobrevivência do sistema penal e à própria justificativa teórica para a existência de um processo penal estruturado em pretensões científicas ultrapassadas.

A proposta da publicação é uma só: apresentar o resultado "cru" da pesquisa, praticamente intacta desde a sua defesa em banca (realizada em dezembro de 2006). Pouquíssimas alterações foram realizadas: apenas incluímos, pontualmente, trabalhos que conside-

---

[2] COUTINHO, Jacinto Nelson de Miranda. *Manifesto Contra os Juizados Especiais Criminais*, p. 4-5.

ramos indispensáveis em relação à Justiça Restaurativa, como os de Howard Zehr,[3] Leonardo Sica,[4] Afonso Armando Konzen[5] e Raffaella Pallamolla.[6]

Muitos dos pontos aqui apresentados já não estão mais de acordo com as nossas atuais convicções, dado o enorme espaço de tempo transcorrido desde então. Isto, porém, serve como incentivo para, neste início de estudos de doutoramento, permanecermos questionando se não devemos, de uma vez por todas, abandonar as rédeas de um pensamento insustentável e partir, finalmente, para paradigmas processuais penais desvinculados de justificativas fantasiosas e discursos vazios de alteridade.

---

[3] *Trocando as Lentes: um novo foco sobre o crime e a justiça*. São Paulo: Palas Athena, 2008.

[4] *Justiça Restaurativa e Mediação Penal*: o novo modelo de justiça criminal e de gestão do crime. Rio de Janeiro: Lumen Juris, 2007.

[5] Justiça Restaurativa e Ato Infracional. Desvelando sentidos no itinerário da alteridade. Porto Alegre: Livraria do Advogado, 2007.

[6] Dissertação de mestrado defendida perante banca examinadora no Programa de Pós-Graduação em Ciências Criminais da Faculdade de Direito PUCRS no final de 2008. Monografia vencedora do 13º Concurso do Instituto Brasileiro de Ciências Criminais (IBCCRIM) de Monografias de Ciências Criminais.

1. A ciência moderna e a solução de conflitos pelo processo penal: da revolução científica do século XVI à contemporaneidade

1.1. Galileu, Newton e a emergência do pensamento moderno

A ordem da racionalidade, desde o século XVI, ocupa lugar de destaque em termos científicos: o que não pode ser racionalmente (cientificamente) explicado, perde todo seu valor como objeto de estudo e acaba se tornando invisível à comunidade acadêmica. De acordo com Fritjof Capra, "Galileu foi o primeiro a combinar o conhecimento empírico com a matemática, o que lhe confere o título de pai da ciência moderna".[7]

Ruth Maria Chittó Gauer assevera que

> (...) a revolução científica do século XVI, uma das mais importantes e profundas revoluções do pensamento humano, esteve indissoluvelmente ligada ao nome de Galileu Galilei. O pensamento de Galileu estruturou o pensamento moderno e abalou o suporte do saber medieval que tinha por base o critério da fé e da revelação.[8]

Conforme Boaventura de Sousa Santos, o modelo de racionalidade que estrutura a ciência moderna foi construído a partir da referida revolução "e foi desenvolvido nos séculos seguintes basi-

---

[7] CAPRA, Fritjof. *O Tao da Física. Um paralelo entre a física moderna e o misticismo oriental*, p. 25.
[8] GAUER, Ruth Maria Chittó. *A Construção do Estado-Nação no Brasil: a contribuição dos egressos de Coimbra*, p. 101.

camente no domínio das ciências naturais".[9] Trata-se do que Max Weber chamava de "desencantamento do mundo", ou seja, os fenômenos da natureza que antes eram explicados pela vontade divina e tinham como porta-voz a Igreja, passavam a ser explicados por uma lógica racional. A meta científica era dissolver os mitos e substituir a imaginação pelo saber. Tais fenômenos, agora, seriam previsíveis e controláveis, o que permitiria ao homem estabelecer as "leis da natureza".

Santos ainda assinala que a nova racionalidade científica

> (...) está consubstanciada, com crescente definição, na teoria heliocêntrica do movimento dos planetas de Copérnico, nas leis de Kepler sobre as órbitas dos planetas, nas leis de Galileu sobre a queda dos corpos, na grande síntese da ordem cósmica de Newton e, finalmente, na consciência filosófica que lhe conferem Bacon e Descartes.[10]

Citando análise de Edgar Morin, Gauer descreve as duas correntes que passaram a lidar com os novos problemas emergentes do conhecimento: a primeira, conhecida por *racionalista* e idealizada por René Descartes, limitava o homem à sua razão; e a segunda, capitaneada por Francis Bacon,[11] chamada de *empirista*, limitava-o ao âmbito do sensível.[12] De acordo com Franklin Baumer,

> (...) este dualismo, um triunfo da simplificação, permitia aos cientistas prosseguir as suas investigações sem outras grandes preocupações com a teologia e a metafísica. Embora tenha criado alguns problemas filosóficos e epistemológicos espantosos, o dualismo forneceu a estrutura conceptual para um progresso espetacular das ciências.[13]

Aos poucos a racionalidade científica foi ganhando um grau de legitimidade extremo e, portanto, barreiras morais e éticas não poderiam servir de empecilho à construção do conhecimento. Sua fonte de legitimidade passava à realização eficiente do fim a que se propunha. Sendo a natureza um objeto do conhecimento científico,

---

[9] SANTOS, Boaventura de Sousa. *A Crítica da Razão Indolente: contra o desperdício da experiência*, p. 60.
[10] Idem, p. 61.
[11] "(...) BACON (1561-1626) foi um dos primeiros a tentar articular o *método* da ciência moderna, propondo – já no século XVII -, que a meta da *ciência* é o melhoramento da vida do homem na terra, via *indutivismo*". (ROSA, Alexandre Morais da. *Decisão Penal: a bricolage de significantes*, p. 55)
[12] GAUER, Ruth. *A Construção do Estado-Nação no Brasil: a contribuição dos egressos de Coimbra*, p. 105.
[13] BAUMER, Franklin L. *O Pensamento Europeu Moderno. Vol. I*, p. 69.

poderia ser utilizada como instrumento para a melhora da vida humana no mundo. Ao invés da contemplação, importava a partir de então a intervenção e a domesticação da natureza para melhorar as condições de vida. Refere Salo de Carvalho que

> (...) a racionalidade científica da modernidade postulou, desde seu nascedouro, através do controle da natureza, a criação de mecanismos capazes de gerar felicidade aos homens. O projeto da modernidade é centrado nesta busca do gozo constante e na satisfação ilimitada dos desejos, como se a possibilidade de supressão da falta gerasse (ou fosse sinônimo de) felicidade.[14]

Dessa forma, é possível afirmar que

> (...) a concepção de ciência moderna ligava a investigação das forças da natureza à utilidade das mesmas para beneficiar a humanidade; a ciência deixava de ser serva da teologia. Nesse sentido, a contemplação formal e finalista foi substituída por um saber que produzia uma técnica capaz de auxiliar o homem. As inovações científicas foram a expressão do esfacelamento do mundo feudal. O racionalismo, poder exclusivo da razão de discernir, distinguir e comparar, substituiu o dogmatismo medieval, assumindo uma atitude crítica e polêmica perante a tradição. O antropocentrismo eliminou o pensamento teocêntrico, possibilitando ao homem moderno colocar-se a si próprio no centro alterando, assim, a visão de mundo.[15]

Desde Descartes, o mundo não é mais o que era antes: questionando se o homem não poderia *pensar o mundo* e *se pensar no mundo* sem a influência das interpretações eclesiásticas das sagradas escrituras, realizadas pela mais alta cúpula da Igreja Católica, o filósofo francês deu impulso a uma nova visão de mundo para os humanos.[16] O pensamento moderno, como já foi mencionado, foi construído sob uma lógica de dominação que possui como fundamento o esclarecimento, o conhecimento e a razão em detrimento da ilusão, dos mitos, da fé e da crença religiosas, da metafísica, produzidos fundamentalmente pelos católicos.

Conforme ensina Norbert Elias,

> (...) uma das precondições de Descartes foi um certo afrouxamento, uma perda de poder por parte das instituições sociais que tinham sido guardiãs dessa tradição

---

[14] CARVALHO, Salo de. *Criminologia e Transdisciplinaridade*, p. 311 e 312, respectivamente.

[15] GAUER, Ruth. *A Construção do Estado-Nação no Brasil: a contribuição dos egressos de Coimbra*, p. 102.

[16] Na esteira de Ruth GAUER, vale referir que "a obra de Descartes é aqui lembrada, pois foi incentivadora da criação de um sujeito racional, pensante, consciente, o centro do conhecimento, o chamado *sujeito cartesiano*". (In *O Reino da Estupidez e o Reino da Razão*, p. 139-140).

intelectual. Seu pensamento reflete a crescente conscientização, em sua época, de que as pessoas eram capazes de decifrar os fenômenos naturais e dar-lhes uma utilização prática simplesmente com base em sua própria observação e pensamento, sem invocar autoridades eclesiásticas ou vetustas.[17]

Antes da *revelação cartesiana*,[18]

(...) o universo medieval era finito, esférico e hierarquizado; esse universo morreu, e, com ele, a "consciência" medieval de um "mundo fechado". A ruptura criada por Galileu contrapôs-se a esse mundo; sua teoria criou um universo "infinito" e, portanto, 'aberto'. A dimensão religiosa do saber medieval foi quebrada. Na 'nova' visão, houve a separação entre razão e fé; a verdade reveladora não podia mais ser confundida com a ciência. O "finito", ao ser substituído pelo 'infinito', subverteu a ordem de se pensar o mundo. O homem vive em um mundo onde ele não é o centro, o céu abriga inúmeros mundos, e o lugar do homem no mundo passou a ser questionado. Os espaços sagrados passaram também a ser questionados. A geometria de Galileu eliminou os espaços heterogêneos (céu-inferno) e criou espaços homogêneos, despojados de qualidades e passíveis de serem quantificados, mensurados, enquanto uma nova geometria espacial. Podemos arriscar dizer que Galileu criou a gênese do espaço democrático, uma vez que para ele todos os espaços se equivalem.[19]

De acordo com a visão de Galileu, "a natureza continuava a ser pictórica, mas era agora descrita, de modo crescente, não como um organismo, mas como uma máquina ou um relógio, que prendeu a imaginação europeia durante os duzentos anos seguintes," afirma Baumer.[20] É a partir dessa concepção que se tornaria possível estabelecer as leis da natureza e, portanto, prever os acontecimentos futuros e controlá-los. Se havia uma racionalidade e uma lógica no mundo que poderia ser conhecida pelo homem, não haveria problema em decifrá-la através de um método rígido.

Um determinismo rigoroso consolidou-se na visão que se tinha do mundo, e tudo era passível de explicação através da noção de causa-e-efeito: "Tudo o que acontecia possuía uma causa definida e gerava um efeito definido: o futuro de qualquer parte do sistema poderia – em princípio – ser previsto com absoluta certeza se se conhecesse em todos os detalhes seu estado em determina-

---

[17] ELIAS, Norbert. *A Sociedade dos Indivíduos*, p. 84.
[18] Expressão utilizada por Fritjof CAPRA, em *O Ponto de Mutação*, especialmente nas p. 52-56.
[19] GAUER, Ruth. *A Construção do Estado-Nação no Brasil: a contribuição dos egressos de Coimbra*, p. 105-106.
[20] BAUMER, Franklin L. *O Pensamento Europeu Moderno*. Vol. I, p. 67.

da ocasião".[21] A base filosófica originou-se a partir da divisão entre *res cogitans* e *res extensa*, realizada por Descartes: acreditava-se ser possível explicar o mundo sem qualquer influência do observador humano, de forma objetiva e universal.[22]

A natureza, em sendo separada do ser humano, pois observável, explicável e passível de intervenção/dominação,

(...) é tão-só extensão e movimento; é passiva,[23] eterna e reversível, mecanismo cujos elementos se podem desmontar e depois relacionar sob a forma de leis; não tem qualquer outra qualidade ou dignidade que nos impeça de desvendar os seus mistérios, desvendamento que não é contemplativo, mas antes activo, já que visa conhecer a natureza para a dominar e controlar.[24]

As leis da física, conforme Ilya Prigogine, não pretendiam negar o devir em nome do ser. Porém, constituem-se em um triunfo do ser sobre o devir – e o exemplo por excelência seria a lei de Newton:

(...) se conhecemos as condições iniciais de um sistema submetido a essa lei, ou seja, seu estado num instante qualquer, podemos calcular todos os estados seguintes, bem como todos os estados precedentes. Mais ainda, passado e futuro desempenham o mesmo papel, pois a lei é invariante em relação à inversão dos tempos t- -t. A lei de Newton justifica bem, portanto, o famoso demônio de Laplace, capaz de observar o estado presente do universo e de dele deduzir toda a evolução futura.[25]

De acordo com Rodrigo Moretto, para a ciência clássica, "as leis da natureza mostravam-se reversíveis no tempo e deterministas, ou seja, se conhecida a condição inicial (P_0, T_0) de um sistema regido por tais leis, poder-se-ia calcular todas as posições subsequentes (P_1, T_1), bem como todas as antecedentes (P_{-1}, T_{-1})".[26] O tempo, então, aparentava não importar, levando a crer que passado e

---

[21] CAPRA, Fritjof. *O Tao da Física*, p. 50.
[22] Idem, ibidem.
[23] Vale fazer referência ao que traz Ilya Prigogine, quando salienta que "a concepção de uma natureza passiva, submetida a leis deterministas, é uma especificidade do ocidente. Na China e no Japão, 'natureza' significa 'o que existe por si mesmo'. Joseph Needham lembrou-nos a ironia com a qual os letrados chineses receberam a exposição dos triunfos da ciência moderna". (PRIGOGINE, Ilya. *O Fim das Certezas: tempo, caos e as leis da natureza*, p. 20.)
[24] SANTOS, Boaventura de Sousa. *A Crítica da Razão Indolente...*, p. 62.
[25] PRIGOGINE, Ilya. *O Fim das Certezas: tempo, caos e as leis da natureza*, p. 19.
[26] MORETTO, Rodrigo. *Crítica Interdisciplinar da Pena de Prisão: controle do espaço na sociedade do tempo*, p. 3.

futuro se repetiriam infinitamente e independentemente do sujeito e do lugar em que se estivesse: estaríamos

> (...) defronte a um mundo sem novidades, pois tudo está programado, uma vez que, conhecidas as condições iniciais, saberemos a condição futura, se é que podemos tratar de passado e futuro quando ambos têm o mesmo papel. Quer se dizer com isso que teríamos um universo estático, sem criação e previamente montado, onde a natureza e o homem em nada influenciariam, pois, se podemos saber o futuro conhecendo o presente, para esse se mostrar não pode sofrer perturbações.[27]

Essa cosmovisão mecanicista foi defendida por Isaac Newton, "que elaborou sua Mecânica a partir de tais fundamentos, tornando-a o alicerce da Física clássica. Da segunda metade do século XVII até o fim do século XIX, o modelo mecanicista newtoniano do universo dominou todo o pensamento científico".[28] Assim,

> (...) a configuração moderna dos valores subordinou o homem a novas regras, por exemplo, o uso do relógio, que estava vinculado ao mundo público e produtivo das cidades. Os valores como uma construção do pensamento, a precisão das máquinas, resultado da aplicação da ciência à indústria como uma supremacia da teoria sobre a técnica mudaram a relação entre o homem e a natureza.[29]

Para Santos,

> (...) um conhecimento baseado na formulação de leis tem como pressuposto metateórico a ideia de ordem e estabilidade do mundo, a ideia de que o passado se repete no futuro. Segundo a mecânica newtoniana, o mundo da matéria é uma máquina cujas operações se podem determinar exactamente por meio de leis físicas e matemáticas, um mundo estático e eterno a flutuar num espaço vazio, um mundo que o racionalismo cartesiano torna cognoscível por via da decomposição nos elementos que o constituem.[30]

Tal forma de conhecimento seria mais reconhecida por sua capacidade dominadora e transfomadora do que por sua capacidade de profunda compreensão do real.[31]

Toda essa construção do pensamento e do conhecimento moderno (re)instaurou uma concepção de busca pela *verdade de todas as coisas* (já presente no período medieval) que, desde então, domina a prática científica do mundo ocidental, excluindo quaisquer

---

[27] MORETTO, Rodrigo. *Crítica Interdisciplinar da Pena de Prisão: controle do espaço na sociedade do tempo*, p. 4.
[28] CAPRA, Fritjof. *O Tao da Física*, p. 25.
[29] GAUER, Ruth. *A Construção do Estado-Nação no Brasil: a contribuição dos egressos de Coimbra*, p. 108.
[30] SANTOS, Boaventura de Sousa. *A Crítica da Razão Indolente...*, p. 64.
[31] Idem, ibidem.

outras formas de saber não racional e espalhando-se por todos os campos do conhecimento. Vale citar novamente Gauer, para quem "a vinculação do conhecimento ao modelo galilaico-newtoniano e a consideração da ciência como campo privilegiado para a revelação da verdade fundam a matriz de conhecimento mais relevante da tradição ocidental moderna".[32]

Ao desencantar o mundo e despi-lo dos mitos que o configuravam, a ciência atribuiu a si o local privilegiado de revelação da verdade, e ao fazer isso, mitificou-se. Substitui um mito por outro, a saber, de que a racionalidade científica podia dar conta e explicar todos os fenômenos do mundo. Lembra Santos que, "sendo um modelo global, a nova racionalidade científica é também um modelo totalitário, na medida em que nega o caráter racional a todas as formas de conhecimento que não se pautarem pelos seus princípios epistemológicos e pelas suas regras metodológicas".[33]

Corroborando o totalitarismo da unidade metodológica, Scarlett Marton é incisiva: "Além de explicação dos fenômenos, pretende ser interpretação do mundo. E mais: a única interpretação verdadeira do mundo. Diante dela, tudo deve ser relegado a um segundo plano, posto que não existe nada tão necessário quanto a verdade".[34] Conforme Ricardo Timm de Souza, "o ser humano acabou por fazer da ciência a sua verdade racional, tendendo, especialmente na cultura ocidental, a fazer dela o seu ídolo ao qual tudo mais – especialmente outras formas de racionalidade – é sacrificado".[35]

O direito, por sua vez, operando dentro da mesma concepção cientificista e, para além disso, mantendo a mesma lógica que movia o processo inquisitorial do medievo – conforme se verá adiante (com a única diferença que, agora, havia uma justificativa racional para a realização do objetivo fundamental do instrumento), consagrou o processo penal, através de todos os seus métodos, como local privilegiado de revelação da verdade de um fato-crime pretérito.

Naturalmente, o direito não poderia ficar de fora desta nova cosmovisão: com o processo de codificação e a consequente simplificação dos fenômenos sociais, nada mais poderia escapar ao projeto unificador e de coerência e completude da "ciência jurídica": uma

---

[32] GAUER, Ruth. *Conhecimento e Aceleração (mito, verdade e tempo)*, p. 1.
[33] SANTOS, Boaventura de Sousa. *A Crítica da Razão Indolente...*, p. 61.
[34] MARTON, Scarlett. *Nietzsche: uma filosofia a marteladas*, p. 49.
[35] SOUZA, Ricardo Timm de. *Ética como Fundamento: uma introdução à ética contemporânea*, p. 34.

absoluta previsão dos fatos sociais; autocomplementação da legislação, sem precisar do apoio de nada "estranho" ao corpo jurídico normativo; extrema coerência interna; capacidade para solucionar os conflitos e litígios sociais a partir de si mesmo e das soluções propostas na legislação; etc.[36]

E é neste mundo que estamos contextualizados: o cientificismo moderno e a ciência jurídica deixando de dialogar com a incerteza e com o *reino profano* da *desagregação*. Se a *totalidade*[37] é, também, o que sacraliza o direito, é possível dizer que desde sua capitulação moderna isso foi potencializado: nada mais importa(va), a não ser a própria norma e seus mandamentos, o que resultou na constituição de uma suposta *ciência* que basta(va) por si própria, independente de tudo o que poderia vir a lhe dar suporte. Qualquer elemento que estivesse fora dos pressupostos da racionalidade científica não tem (tinha) validade.

A transposição irrestrita dos conhecimentos e da metodologia das ciências naturais para a ciência do direito a condicionou e estabeleceu tetos epistemológicos de significação e produção de sentido.[38] Assim, a *ciência jurídica* passou a trabalhar numa concepção racionalista, mecanicista e meramente instrumental, ou seja, desvinculada de quaisquer outros fins que pudessem *atrapalhar* o progresso do conhecimento jurídico e, dentro do nosso tema, de elucidação da verdade no processo penal. O direito funciona(va) da mesma forma que a ciência: ele mesmo é a sua própria fonte de legitimação.

1.2. Da continuidade do projeto científico medieval: a constituição do processo penal brasileiro a partir do sistema inquisitorial

Importante mencionar que a constituição do moderno processo penal não ocorreu por acaso: há toda uma história por trás do

---

[36] Citamos como exemplo o artigo 4º da Lei de Introdução ao Código Civil (Decreto-Lei nº 4.657/42), que dispõe: "Quando a lei for omissa, o juiz decidirá o caso de acordo com a analogia, os costumes e os princípios gerais de direito".

[37] As palavras *totalidade* e *desagregação* foram parafraseadas do trabalho de Ricardo Timm de SOUZA, intitulado *Totalidade e Desagregação: sobre as fronteiras do pensamento e suas alternativas.*

[38] Nesse sentido, conferir ACHUTTI, Daniel; RODRIGUES, Roberto da Rocha. *Tempo, Memória e Direito no Século XXI: o delírio da busca da verdade real no processo penal.*

atual Código de Processo Penal brasileiro, vigente desde 1941. Uma pequena recordação histórica, por mais incompleta e complicada de ser realizada, faz-se necessária para que se possa perceber a forma como o processo penal utilizado no país foi estruturado a partir de categorias medievais mescladas com justificativas científicas modernas, desde o marco positivista.

Inicialmente, importante salientar que não pretendemos expor cronologicamente os fatos marcantes da Idade Média para tentar explicar e entender o surgimento do processo penal: antes tentaremos perceber as condições que proporcionaram sua emergência.

Vale justificar esse pequeno resgate histórico com Paolo Grossi, para quem

> (...) um dos papéis, e certamente não o último, do historiador do direito junto ao operador do direito positivo seja o de servir como sua consciência crítica, revelando como complexo o que na sua visão unilinear poderia parecer simples, rompendo as suas convicções acríticas, relativizando certezas consideradas absolutas, insinuando dúvidas sobre lugares comuns recebidos sem uma adequada confirmação cultural.[39]

Pelas palavras de Zaffaroni, Batista, Alagia e Slokar, "não convém cair em um reducionismo, mas urge uma contextualização geral do processo que desembocou neste corte de onde surgiu o sistema penal tal como é concebido na atualidade".[40]

Citando Foucault, pode-se dizer que o que foi inventado no direito por volta do final do século XII e início do XIII "foi uma determinada maneira de saber, uma condição de possibilidade de saber (...). Esta modalidade de saber é o inquérito que apareceu pela primeira vez na Grécia e ficou encoberto depois da queda do Império Romano durante vários séculos".[41]

Necessário fazer a ressalva de que o processo não foi produzido para o fim que possui hoje, nem foi fruto de uma "evolução racional", como refere Foucault: transformou-se ao longo da história, adequando-se às necessidades políticas e sociais de cada época, vindo a se configurar no que hoje conhecemos como "busca da verdade real de um fato delituoso".

---

[39] GROSSI, Paolo. *Mitologias Jurídicas da Modernidade*, p. 11.
[40] ZAFFARONI, Eugenio Raúl; BATISTA, Nilo; ALAGIA, Alejandro; SLOKAR, Alejandro. *Direito Penal Brasileiro – I*, p. 385.
[41] FOUCAULT, Michel. *A Verdade e as Formas Jurídicas*, p. 62-63.

Jacinto Nelson de Miranda Coutinho refere que o sistema inquisitório tem suas raízes "na velha Roma, mormente no período da decadência, e alguns traços em outras legislações antigas". Porém, na forma que o conhecemos hoje, nasceu no seio da Igreja Católica, como forma de defesa do desenvolvimento de "doutrinas heréticas".[42]

A partir do final do Império Romano, as populações aglomeram-se nos feudos, geralmente estabelecidos nas montanhas (como forma de proteção natural, somando-se à arquitetura medieval). A vida medieval, portanto, girava em torno do feudo, com seus suseranos, vassalos, cavaleiros e clérigos (esses últimos podem ser considerados "produtores" do conhecimento à época, por impedir à população em geral o acesso aos meios de informação).[43]

Com o domínio dos bárbaros[44] e a redescoberta do direito romano,[45] o sistema processual penal manteve sua base nos *Iudicium Dei*, sobretudo nas fórmulas do juramento, do duelo e das ordálias, cada uma delas para determinadas parcelas da população.[46]

---

[42] COUTINHO, Jacinto Nelson de Miranda. *O Papel do Novo Juiz no Processo Penal*, p. 18.

[43] Idem, p. 19.

[44] Para outros detalhes, conferir também GONZAGA, João Bernardino. *A Inquisição em seu Mundo*, p. 92-99.

[45] "Vinculado à lei, o jurista da *res publica christiana* encontrará na glosa o instrumento que reduz a invenção jurídica à simples restauração do texto e na dialética uma técnica para compatibilizar oposições; (...). A redescoberta, no final do século XI, do direito romano justinianeu (...) significou a invenção de um tesouro, de um estoque infinito de regras e prescrições com aspiração a uma racionalidade e a uma exclusividade de sentido intemporais. De fato, os juristas que protagonizaram a chamada recepção viam na compilação justinianeia não as leis romano-bizantinas catalogadas no século VI, mas a encarnação de uma razão jurídica também inquestionável e eterna, e essa mística – cujo paradigma estava no tratamento deferido à Bíblia, aos Cânones conciliares e, depois da reforma gregoriana, aos documentos pontifícios – convertia seu ofício, como disse Berman, numa 'teologia secular'. (...) Tal patrimônio normativo [mais tarde chamado de *Corpus Iuris Civilis*] vê-se metodologicamente apropriado pelo *dogmatismo legal*, que naquela conjuntura é quase uma religião do texto jurídico, ameaçada por qualquer movimento que possa ultrapassar a esterilidade minuciosa do *distinguo* ou mesmo pelo costume. (...) O *dogmatismo legal* inaugurava lapidarmente sua aversão ao direito produzido pelas práticas sociais, à diversidade jurídica". (BATISTA, Nilo. *Matrizes Ibéricas do Direito Penal Brasileiro – I*, p. 166-167.)

[46] COUTINHO, Jacinto. *O Papel do Novo Juiz...I*, p. 19-20. Conferir também FOUCAULT, Michel. *A Verdade e as Formas Jurídicas*, p.59-62.

O cenário começa a mudar, aproximadamente, a partir do ano 1000, quando aumentam as *"caravanas de mercadores,* freqüentemente comandadas por hebreus e árabes (e, portanto, não cristãos), cada vez mais aparelhadas belicosamente; começam a aparecer os entrepostos comerciais e, de conseqüência, as *cidades,* os *burgos".*[47] E as mudanças nas relações comerciais e de trabalho que ocorrem no século XIII, trazem novos ingredientes à vida social, revelando novas formas de convivência.[48] Os burgueses começam a adquirir significativo potencial econômico, trazendo para o seu redor uma população que antes vivia de favores da Igreja, próxima a mosteiros, o que configurou um ambiente nada interessante para os clérigos. Tratava-se de "una época de crisis, de decadencia, de asentamientos de pueblos por la violéncia y de choque de culturas",[49] refere Umberto Eco.

A partir daí, compreende-se em parte alguns motivos da edição, em 1199, da "bula *Vergentis in senium,* do Papa Inocêncio III, que prepara o terreno da repressão canônica com a equiparação das 'heresias' aos crimes de lesa-majestade".[50] Segundo Foucault,

(...) a partir do momento em que o inquérito se introduz na prática judiciária, traz consigo a importante noção de infração. Quando um indivíduo, causa dano a um outro, há sempre, *a fortiori,* dano à soberania, à lei, ao poder. Por outro lado, devido a todas as implicações e conotações religiosas do inquérito, o dano será uma falta moral, quase religiosa ou com conotação religiosa. Tem-se assim, por volta do século XII, uma curiosa conjunção entre a lesão à lei e a falta religiosa.[51]

O IV Concílio de Latrão, em 1215,

(...) faz a sua opção (o pano de fundo era a manutenção do poder); e o novo sistema paulatinamente assume sua fachada, constituindo-se os Tribunais da Inquisição, com base efetivamente jurídica, pela *Constitutio Excomuniamus* (1231), do Papa Gregório IX, para consolidar-se com a Bula *Ad extirpanda,* de Inocêncio IV, em 1252.[52]

Em 1259 e 1265, esta última bula foi reeditada pelos Papas Alexandre IV e Clemente IV, respectivamente, tendo este último realizado modificações no texto, acrescentando a palavra "inquisi-

---
[47] COUTINHO, Jacinto. *O Papel do Novo Juiz...,* p. 20-21.
[48] Idem, p. 21-23.
[49] ECO, Umberto. *La Edad Media ha comenzado ya,* p. 13.
[50] COUTINHO, Jacinto. *O Papel do Novo Juiz...,* p. 21.
[51] FOUCAULT, Michel. *A Verdade e as Formas Jurídicas,* p. 73-74.
[52] COUTINHO, Jacinto. *O Papel do Novo Juiz...,* p. 21-22.

dores" onde o original de Inocêncio mencionava bispos ou monges, atribuindo maior autonomia à Igreja e resolvendo conflitos de jurisdição.[53]

Mais especificamente ao modo como se realizava o procedimento, havia uma prática na Igreja da Alta Idade Média, nas igrejas Merovíngia e Carolíngia: a *visitatio*, realizada estatutariamente pelo bispo, quando percorria sua diocese: ao chegar aos locais, realizava a *inquisitio generalis*, que consistia em colher dados gerais acerca do que ocorrera na sua ausência e que pudesse confirmar práticas delituosas;[54] a seguir, tendo obtido uma resposta positiva, o bispo realizava a *inquisitio specialis*, "que consistia em apurar quem tinha feito o que, em determinar em verdade quem era o autor e qual a natureza do ato".[55] Esse método apresenta-se como uma espécie de instrumentalização do procedimento que viria a ser utilizado pela Igreja a partir do século XIII com os referidos Tribunais da Inquisição.

De acordo com Batista,

> (...) no procedimento inquisitório, a figura do acusador está fundida com a do juiz, e o resultado é uma grave tolerância deste juiz-acusador para com as formas procedimentais exploradas pelo acusador-juiz. Deve-se a Inocêncio III uma apurada regulamentação do procedimento inquisitório, cuja referência central é o IV Concílio de Latrão, em 1215; Inocêncio IV autorizaria o uso da tortura pelos tribunais seculares, em 1252, através da bula *Ad extirpanda*; menos de um lustro depois ficava claro, em outro documento pontifício, que os inquisidores podiam presenciar a tortura; Bonifácio VIII, em 1298, estabeleceria o procedimento sumário e secreto. Este último provimento permitia que o nome do suspeito e das testemunhas fossem mantidos em sigilo junto ao bispo (...), punindo com excomunhão a violação de tal segredo; freqüentemente o defensor do réu conhecia o teor dos depoimentos, não porém a identidade dos depoentes.[56]

Esse sistema ressurge nas práticas judiciárias do medievo a partir do momento em que foi necessária a ampliação da malha repressiva:

> (...) a partir da necessidade de controlar conjuntamente criminalidade comum e heresia (crime de consciência), o mecanismo permite a ampliação do rol de culpáveis, englobando em suas tipificações qualquer oposição ao "saber oficial". Estabelece-se, pois, estrutura maximizada e onipresente de poder que não admite a existência

---

[53] BATISTA, Nilo. *Matrizes Ibéricas...*, p. 247.
[54] FOUCAULT, Michel. *A Verdade e as Formas Jurídicas*, p. 70; BATISTA, Nilo. *Matrizes Ibéricas...*, p. 234.
[55] FOUCAULT, Michel. *A Verdade e as Formas Jurídicas*, p. 70.
[56] BATISTA, Nilo. *Matrizes Ibéricas...*, p. 234.

da alteridade, sendo qualquer manifestação identitária diversa da tolerada pelo clero adjetivada como (delito de) heresia.[57]

Citando o historiador Brian Levack, Salo de Carvalho aponta quatro circunstâncias que propiciaram a alteração do sistema processual punitivo. A primeira seria a superação do procedimento acusatório (*Iudicium Dei*), predominante na Europa continental até o século XII: "Com a 'redescoberta' do Direito Romano, sobretudo com a revitalização do *Corpus Iuris Civilis* no século XII pela Universidade de Bolonha e a posterior inclusão das glosas, o clero instiga a formalização e a mudança nos procedimentos". A segunda seria a utilização da tortura para a conquista da "verdade real"; a terceira aparece na utilização do modelo judicial leigo para os crimes de natureza espiritual; e, por fim, a regionalização dos Tribunais, que contribuiria para uma melhor distribuição do poder eclesiástico e consequente julgamento dos hereges,[58] surge como quarta circunstância.

Sem maiores detalhes, devido à limitação do tema do presente trabalho, essa era a forma de busca da verdade na Baixa Idade Média, (re)instituída a partir do final do século XII e início do século XIII[59] e que viria a influenciar de forma incisiva os sistemas processuais penais do mundo ocidental:

> Trata-se, sem dúvida, do *maior engenho jurídico que o mundo conheceu*; e conhece. Sem embargo de sua fonte, a Igreja, é diabólico na sua estrutura (...), persistindo por mais de 700 anos. Não seria assim em vão: veio com uma finalidade específica e, porque serve – e continuará servindo, se não acordarmos – mantém-se hígido.[60]

De acordo com Aury Lopes Jr.,

> (...) o que era um duelo leal e franco entre acusador e acusado, com igualdade de poderes e oportunidades, se transforma em uma disputa desigual entre o juiz-inquisidor e o acusado. O primeiro abandona sua posição de árbitro imparcial e assume a atividade de inquisidor, atuando desde o início também como acusador. Confundem-se as atividades do juiz e acusador e o acusado perde a condição de sujeito processual e se converte em mero objeto da investigação.[61]
> Conforme se percebe da leitura do *Directorium Inquisitorum* – Manual dos Inquisidores[62] – escrito em 1376 pelo frei dominicano Nicolau Eymerich e revisto e amplia-

---

[57] CARVALHO, Salo de. *Revisita à Desconstrução do Modelo Jurídico Inquisitorial*, p. 7.
[58] Idem, p. 7-10.
[59] CARVALHO, Salo. *Pena e Garantias*, p. 8.
[60] COUTINHO, Jacinto. *O Papel do Novo Juiz...*, p. 18-19.
[61] LOPES JR., Aury. *Introdução Crítica ao Processo Penal*, p. 157.
[62] A leitura desta obra mostra-se fundamental para todos que pretendam conhecer a lógica do sistema inquisitorial e os discursos de legitimação de suas práticas. Nada

do por Francisco de la Peña em 1578, toda a interferência divina na "revelação da verdade dos dizeres das escrituras sagradas", era capitaneada pela Igreja Católica e os representantes da vontade de Deus: os bispos e o Papa.[63] Era de suma importância que alguns poucos fossem os responsáveis por esclarecer a vontade divina, ou então estaria instalado o caos e um perspectivismo religioso poderia se instalar naquele momento.[64] Não foi à toa, portanto, que "segue, recolhido na produção literária da célebre Querela das Investiduras (fim do século XI), uma exposição concisa das qualidades do pontífice sob a rubrica: os ditos do papa (*dictatus papae*)".[65] Através desse *dictatus*, ficava claro e estabelecido quem podia dizer o quê e de onde vinha a interpretação correta e, portanto, a *verdade*.[66]

Nada mais conveniente em um período de decadência da conjuntura política e econômica da Igreja Católica: o discurso é legiti-

mais natural que o Manual tenha sido escrito por um frei da ordem dos dominicanos (*cães de Deus*) quiçá no período mais crítico para o poder da Igreja Católica. O Manual passa a imagem dessa decadência, e aparenta ser uma espécie de "última cartada" da Igreja para sua manutenção no poder. Não obstante a emergência da nova cosmovisão que começou a ser difundida a partir do período renascentista e, a seguir, de forma "mais racional" a partir do século XVI, com Descartes (França) e Bacon (Inglaterra), a Igreja, com sua prática inquisitorial, acabou por influenciar um sem-número de legisladores, teólogos e juristas acerca do processo penal no ocidente. Uma lógica de perseguição do diferente, de eliminação da alteridade, de banimento da impureza foi instaurada, e os influxos são visíveis ainda hoje no processo penal brasileiro, quando se percebem termos vagos e imprecisos para autorizar prisões preventivas a qualquer momento do processo e autorização legal para que o juiz possa produzir provas em nome do "esclarecimento dos fatos" (arts. 312 e 156, respectivamente, do Código de Processo Penal brasileiro). Para uma análise minuciosa da lógica inquisitorial, a leitura do prefácio do Manual dos Inquisidores da Editora Rosa dos Tempos, de autoria de Leonardo Boff, mostra-se imprescindível. Tendo sido condenado pela Congregação pela Doutrina da Fé (substituto dos Tribunais do Santo Ofício da Inquisição), Boff esboça de forma breve e instigante o surgimento da Inquisição e explica suas raízes, seus motivos, seus discursos legitimantes, dentre outras informações importantes. (EYMERICH, Nicolau. *Directorium Inquisitorum* – Manual dos Inquisidores [escrito em 1376]. Revisto e ampliado por Francisco de la Peña em 1578. Rio de Janeiro: Rosa dos Tempos, 1993).

[63] LOPES JR., Aury. *Introdução Crítica*..., p. 158.

[64] "O Direito Canônico se erige, então, como a vontade de *Deus* revelada aos homens de boa esperança (de um mundo melhor), cuja obediência se mostrava como um dever, uma imposição ética justificada pela origem divina". (ROSA, Alexandre Morais da. *Decisão Penal: a bricolage de significantes*, p. 27)

[65] LEGENDRE, Pierre. *O Amor do Censor: ensaio sobre a ordem dogmática*, p. 62.

[66] Como exemplos, citamos alguns ditados: "Seu nome é único no mundo; Nenhum texto canônico existe fora de sua autoridade; Sua sentença não deve ser reformada por ninguém e só ele pode reformar a de todos; Ele não deve ser julgado por ninguém; Ninguém pode condenar uma decisão da Sé apostólica; A Igreja romana nunca errou e, como atesta a escritura, jamais poderá errar; Com sua ordem e com sua autorização, é permitido aos sujeitos acusar". (LEGENDRE, Pierre. *O Amor do Censor*..., p. 62)

mado pelos clérigos porque os próprios clérigos dizem que quem diz a verdade são eles mesmos. Está criado o círculo vicioso, e aquele que o contestar, será considerado herege.

1.3. Da modernização do processo penal: o abandono das justificativas teológicas

Embora muito se fale de uma nova postura científica a partir dos séculos XVI e XVII, parece-nos que pouco (ou nada) mudou em sede processual penal: as categorias hoje existentes refletem nada mais nada menos do que traços medievais travestidos de cientificidade.

Com a laicização de determinadas práticas, pode-se dizer que o moderno direito processual penal se apropriou da maneira de busca da verdade como a Igreja realizava nos períodos dos Impérios Merovíngio e Carolíngio: utiliza-se da *visitatio*, conforme exposto acima. Busca-se descobrir se houve crime (através do inquérito); na dúvida acerca da existência ou não do delito, o Ministério Público denuncia o suspeito, para que o processo legal, então, revele "a" verdade, e aguarda-se o juiz dar os impulsos necessários para o início do processo – sempre em busca da *verdade dos fatos*, como quer grande parte da doutrina nacional.[67]

A justificativa predominante do processo penal no Brasil – apresentada como "o objeto" do processo penal por alguns autores e como a "finalidade", por outros (conforme visto acima) – não mudou essencialmente da justificativa apresentada pelos inquisidores na Idade Média, ou seja: a busca da verdade (real). O processo continua sendo visto como um mecanismo apto a reconstituir o passado, principalmente[68] através das palavras das testemunhas, da(s)

---

[67] Gilberto THUMS (*Sistemas Processuais* Penais, p. 195, nota de rodapé n. 98) cita alguns autores e suas respectivas obras, em que é salientada a função da verdade real no processo penal: TOURINHO FILHO, Fernando da Costa. *Processo Penal*, p. 36; TORNAGHI, Hélio Bastos. *Curso de Processo Penal*, p. 272; NOGUEIRA, Paulo Lúcio. *Curso Completo de Processo Penal*, p. 90; ESPÍNDOLA FILHO, Eduardo. *Curso de Processo Penal Brasileiro Anotado*, p. 347 e 434.

[68] O termo *principalmente* foi o selecionado para salientar que as provas testemunhais não excluem outras de diferentes espécies, como as documentais, por exemplo. Porém, a palavra dos envolvidos é quase sempre a prova mais importante no processo penal.

vítima(s) e do(s) acusado(s). Os discursos ganham força e formam o que é chamado pelo *senso comum teórico*[69] de "fato".

Exatamente como nos procedimentos utilizados pelos Tribunais da Inquisição, ainda se praticam os atos de interrogatório, de inquirição de testemunhas, de reconstituição de fatos, dentre outros. Para Salo de Carvalho, "na lacuna entre os projetos [medieval e moderno], pode-se perceber que não há, necessariamente, ruptura".[70] Por sua vez, Alexandre Morais da Rosa refere que "as matrizes do 'Direito Canônico' ganharam nova embalagem, mantendo, contudo, em seu hermetismo e multiplicidade de métodos (ditos) científicos, a censura e o adestramento sobre o que pode e deve ser dito".[71] O que antes era dito/revelado pelo Papa, agora é traduzido pelos especialistas do Direito, ou pelos "juristas de ofício",[72] como refere Rosa. Ou seja, as coisas foram modificadas para que continuassem exatamente como sempre foram.

Mais recentemente, talvez desde a última (re)democratização do país, ainda é possível perceber que práticas ultrapassadas estão sendo (re)afirmadas, como podemos depreender da análise da proliferação de leis processuais penais que ampliam o poder do magistrado e do investigador. Efetiva-se, assim, aquilo que Fauzi Hassan Choukr chamaria de *processo penal de emergência*,[73] qual seja, uma instrumentalização repressiva desmesurada do processo sem a menor preocupação com a efetividade desse incremento processual e,

---

[69] A expressão é de Luiz Alberto WARAT. Conferir o primeiro capítulo da obra *Introdução Geral ao Direito, vol. I*.

[70] CARVALHO, Salo de. *Criminologia e Transdisciplinaridade*, p. 316.

[71] ROSA, Alexandre Morais da. *Decisão Penal: a bricolage de significantes*, p. 32.

[72] "Por possuir as 'chaves do céu', o Papa acomete o poder de julgamento a seus bispos, já que é detentor da 'geração da palavra divina' e seu avalista. A artimanha se completa porque ele assume o papel do 'Ausente', possuidor de qualidades plenas". A seguir, o autor continua: "Os guardiães, os pastores, enfim, os 'juristas de ofício' logo irão cercar as possibilidades interpretativas, garantindo por suas autoridades o *verdadeiro sentido do texto*, porque deles se afastar, lembre-se, é pecado. (...) O Direito, por seus especialistas, pretende possuir as chaves do céu e da produção de subjetividade, os únicos a revelar a palavra do *Outro*. (...) Resultado disso são os discursos jurídicos com pretensão de plenitude, que vendem a idéia de respostas corretas e seguras, promentendo a ilusão da segurança jurídica...". (ROSA, Alexandre Morais da. *Decisão Penal: a bricolage de significantes*, p. 28 e 32-33, respectivamente)

[73] CHOUKR, Fauzi Hassan. *Processo Penal de Emergência*. Rio de Janeiro: Lumen Juris, 2002.

menos ainda, com a observação dos direitos e garantias fundamentais dos investigados/acusados.

Percebe-se, a partir da instrumentalização repressiva do processo penal, que Grossi tem razão ao afirmar que "simplismo e otimismo parecem ser os traços que mais caracterizam o jurista moderno, fortalecido no seu coração pelas certezas iluministas":[74] simplifica-se uma situação complexa e, ancorados no aparelho jurídico penal, emerge entre os juristas (e a população em geral) uma onda de otimismo, acreditando-se que o sistema penal possui condições, por si só (eis que é autojustificável), de dar conta dos problemas sociais contemporâneos.

Enquanto as justificativas de hoje se revestem de cientificidade ou de uma causa (como o combate à criminalidade, para citar apenas um exemplo), as justificativas de outrora se revestiam de uma justificativa teológica (a crença nas interpretações católicas do mundo, da vida e da morte, e a manutenção da unidade do pensamento cristão) e, também, de uma causa: a perseguição aos hereges através da busca da verdade. A funcionalidade do sistema continua a mesma, e a sua lógica permanece inalterada. O *bode expiatório* da vez, evidentemente, é o *desviante*.[75] A operacionalidade repressiva e a lógica inquisitiva,[76] portanto, mantêm-se intactas desde a Baixa Idade Média.

1.4. O positivismo jurídico de Hans Kelsen: a autolegitimação do ordenamento e o narcisismo jurídico (penal)

Importante perceber que, em um contexto de abandono das explicações teológicas em favor dos postulados racionais, uma separação entre direito e moral tornava-se imprescindível para o su-

---

[74] GROSSI, Paolo. *Mitologias Jurídicas...*, p. 15. Segue o autor: "Mas são muitos os problemas evitados, as interrogações que não se quis pôr, assim como é muito fácil sentir-se satisfeito ao contemplar um mundo povoado por figuras abstratas, projetadas por uma lanterna mágica muito bem manobrada". (GROSSI, Paolo. *Mitologias Jurídicas...*, p. 15.)
[75] PASTANA, Débora. *Cultura do Medo*, p. 101.
[76] Sobre o tema, conferir THUMS, Gilberto. *Sistemas Processuais Penais*. Rio de Janeiro: Lumen Juris, 2006.

cesso do paradigma jurídico científico emergente, na tentativa de desvinculação total dos antigos fundamentos, sob pena de não se efetivar nenhuma de suas pretensões. Nesse sentido, a secularização surge como imprescindível para tanto.

Conforme as lições de Salo de Carvalho, "o termo *secularização* é utilizado para definir os processos pelos quais a sociedade, a partir do século XV, produziu uma cisão entre a cultura eclesiástica e as doutrinas filosóficas (laicização), mais especificamente entre a moral do clero e o modo de produção da(s) ciência(s)".[77]

Explica o autor que o processo de secularização propiciou às ciências centrar suas investigações na razão do homem, negando qualquer perspectiva ontológica de verdade, quando se iniciou o processo que redundaria na universalização dos direitos humanos, no século XX.[78] Para Canotilho, teria sido a secularização do direito que, substituindo a noção de direito divino pela "natureza ou razão das coisas", originou uma concepção laica do direito natural, desenvolvida a seguir por Grotius, Pufendorf e Locke. O direito natural apresentar-se-á, na história, sob três formas: cosmológico, teológico e antropológico. O avanço secularizador seria precisamente o momento de transição e transformação do jusnaturalismo teológico para o antropológico.[79]

Nesse sentido, a ciência jurídica, como exemplo de ciência social aplicada (eminentemente moderna), atingiu o ponto mais alto de seu *autoenclausuramento* com a obra *Teoria Pura do Direito*, de Hans Kelsen, datada de 1935. Nela, o autor expõe sua teoria da "autonomia da normatividade jurídica, na defesa de um encerramento do direito sobre si mesmo".[80] O direito, então, seria autossuficiente, buscando dar segurança aos cidadãos e baseando-se na objetividade e na "previsibilidade na identificação do direito, autônomo em relação à moral (valores) e em relação à política (poder)".[81]

Produzir o direito pressupõe uma intervenção do poder. Mas, se não há interferência da política (poder) no direito, algo há que

---

[77] CARVALHO, Salo. *Aplicação da Pena e Garantismo*, p. 5.
[78] Idem, p. 6.
[79] Idem, p. 6-7.
[80] FRANCO DE SÁ, Alexandre. *Metamorfoses do Poder: prolegómenos schmittianos a toda a sociedade futura*, p. 114.
[81] BARZOTTO, Luis Fernando. *O Positivismo Jurídico Contemporâneo: uma introdução a Kelsen, Ross e Hart*, p. 19.

se fazer para torná-lo autônomo. Diante dessa necessidade, a construção positivista distingue *poder fático* de *poder jurídico*: o primeiro seria aquele não constituído ou exercido em conformidade com as normas jurídicas; e o segundo, o realizado em conformidade com normas válidas.[82]

Pelas palavras do próprio Kelsen,

> (...) o fundamento de validade de uma norma apenas pode ser a validade de uma outra norma. Uma norma que representa o fundamento de validade de uma outra norma é figurativamente designada como norma superior, por confronto com uma norma que é, em relação a ela, a norma inferior. Na verdade parece que se poderia fundamentar a validade de uma norma com o facto de ela ser posta por qualquer autoridade, por um ser humano ou supra-humano: assim acontece quando se fundamenta a validade dos Dez Mandamentos com o facto de Deus, Jehova, os ter dado no Monte Sinai (...).[83]

No entanto, reconhece o autor que o questionamento do fundamento de validade de uma norma não pode perder-se no interminável, devendo terminar em uma norma, a mais elevada, que, como tal, "deve ser *pressuposta*, visto que não pode ser *posta* por uma autoridade, cuja competência teria de se fundar numa norma ainda mais elevada. (...) Uma tal norma, pressuposta como a mais elevada, será aqui designada como norma fundamental (*Grundnorm*)".[84]

A seguir, assim conclui o positivista:

> A norma fundamental é a fonte comum da validade de todas as normas pertencentes a uma e mesma ordem normativa, o seu fundamento de validade comum. O facto de uma norma pertencer a uma determinada ordem normativa baseia-se em que o seu último fundamento de validade é a norma fundamental desta ordem. É a norma fundamental que constitui a unidade de uma pluralidade de normas enquanto representa o fundamento da validade de todas as normas pertencentes a essa ordem normativa.[85]

Para Luis Fernando Barzotto,

> (...) é fácil ver, então, que o verdadeiro fundamento de validade de uma norma não é o poder, mas outra norma. Daí o positivismo poder falar em autoprodução do di-

---

[82] Conforme BARZOTTO, Luis Fernando. *O Positivismo Jurídico Contemporâneo...*, p. 21-31.
[83] KELSEN, Hans. *Teoria Pura do Direito*, p. 267-268.
[84] Idem, p. 269.
[85] Idem, ibidem.

reito. O direito não é contaminado pela política na medida em que não é produzido pelo 'mero' poder, mas pelo poder constituído pelo próprio direito.[86]

Com esse latente *amor à Lei*[87] e uma aparente *ojeriza* ao que lhe é estranho, o direito passa a operar em uma lógica de auto-suficiência, de autoprodução: códigos, leis e artigos (meros *textos*) como imperativos legais na aplicação do direito, resultando em pouca (ou nenhuma) reflexão acerca do fenômeno jurídico enquanto fato social, cultural, histórico, político, etc. Ou seja, enquanto um fenômeno essencialmente transdisciplinar. O ensino jurídico, por sua vez, é tomado pelas rédeas da codificação e levado a transmitir apenas "o que diz a lei", influenciando juristas de várias gerações no sentido de considerar a norma como a Justiça em si.

Assim, temos um problema marcadamente epistemológico, pelo qual "... o importante é sair da metodologia e do ensino como disciplina que produz embalagens educacionais".[88] E nesse processo de autoenclausuramento do saber jurídico, delimitamos a nossa análise ao saber jurídico-penal, do qual nada se poderia esperar senão uma *atitude narcísica*[89] e, portanto, expansiva, desde os seus operadores: o direito e o processo penal, como aparelhos estatais de controle social, justificáveis por si mesmos e autônomos em relação ao mundo real, seriam os mais eficientes[90] meios

---

[86] BARZOTTO, Luis Fernando. *O Positivismo Jurídico Contemporâneo...*, p. 21-22.

[87] Sobre o *amor à Lei*, conferir LEGENDRE, Pierre. *O Amor do Censor: ensaio sobre a ordem dogmática*.

[88] WARAT, Luis Alberto. *Sobre a Impossibilidade de Ensinar Direito: notas polêmicas para a desescolarização do direito*.

[89] Sobre o narcisismo do direito e, em especial, do direito penal, conferir CARVALHO, Salo de. *A Ferida Narcísica do Direito Penal (primeiras observações sobre as (dis)funções do controle penal na sociedade contemporânea)*.

[90] Importante mencionar a diferenciação entre *eficiência* e *efetividade*, realizada por Jacinto Coutinho (In: *Efetividade do Processo Penal e Golpe de Cena: um problema às reformas processuais*, p. 145-146): enquanto a primeira está ligada aos meios utilizados para alcançar o resultado desejado, a segunda vincula-se aos fins visados. Para Gilberto Thums, "sustenta o professor Jacinto que a eficiência, aliada ao tempo, pode ser sinônimo de exclusão de direitos ou garantias. Esta observação é precisa, visto que os recentes movimentos nos Estados Unidos encaminham-se para, em nome da pseudo-eficiência no combate ao terrorismo, suprimir direitos e garantias individuais. (THUMS, Gilberto. *Sistemas Processuais Penais*, p. 43) Nesse sentido, o *Patriot Act*, editado logo em seguida aos ataques de 11 de setembro de 2001 e, mais recentemente, o *Military Comission Act*, são exemplares, uma vez que, neste último, o procedimento secreto e até a tortura são autorizados para a malfadada *busca da verdade*. Sempre em nome da *segurança da nação, para o bem da pátria* ...

para se *proteger* a humanidade – e mais: para proteger até mesmo o seu futuro.[91]

Como assevera Rosa, muitos são os

(...) *auto-intitulados cientistas* do Direito que, seguindo um método empírico, normalmente confundido com uma simples coleta de dados, observações e conseqüentes derivações em leis universais de padrões gerais, organizados por um procedimento lógico, determinam o que é científico juridicamente.[92]

No processo penal, especificamente, o número desses *cientistas jurídicos* praticamente se estende à unanimidade, restando muito poucos que admitem a fragilidade epistemológica desse (in)falível método. Daí que se aceitam os resultados dos processos penais como *verdades absolutas*, "como se fossem a emanação daquilo que efetivamente ocorreu no mundo da vida, por ser o resultado de um método (dito) científico, trazendo o selo de qualidade: *cientificamente comprovado*".[93]

Nada além, portanto, do que se poderia esperar: aos narcisistas do Direito, deverá corresponder um narcisismo científico-jurídi-

---

[91] Na esteira de Salo de Carvalho, lembramos Jorge de Figueiredo Dias, que pode ser considerado o *carro-chefe* dessa *ode* ao direito penal, quando menciona que "se cabe ao direito penal proteger os principais bens jurídicos da humanidade, como poderia eximir-se do enfrentamento de (possíveis) ações que colocam em risco o seu futuro? Como deixaria de atuar em situações limite que ameaçam as gerações vindouras?" (*In: O direito penal entre a "sociedade industrial" e a "sociedade do risco"*, p. 58. Apud CARVALHO, Salo de. *A Ferida Narcísica do Direito Penal (primeiras observações sobre as (dis)funções do controle penal na sociedade contemporânea)*, p. 200). Vale citar a crítica de Carvalho: "... a potência da fala tende a cegar o prolator, impedindo-o de perceber suas limitações e sua real capacidade de ação. O sonho narcísico de resolução das grandes questões da civilização, tutelando a Humanidade de sua própria extinção, ao mesmo tempo em que entorpece o pensamento jurídico-penal, ofusca a realidade, fornecendo elementos irreais para anamnese e, conseqüentemente, prognose. (...) Uma dupla falência na criticada sistemática do direito penal é gerada. À ineficácia desnudada pelas ciências sociais do controle penal nas demandas relativas aos direitos liberais e sociais é agregada uma nova expectativa (tutela dos direitos transindividuais). O resultado parece anunciado: inefetividade operacional decorrente da falta de novos mecanismos para enfrentar novos problemas. Todavia, a narcose retórica impede o dar-se conta do problema, criando outra crise, desta vez na própria estrutura genealógica do direito penal liberal, pois, ao ser flexibilizada para alcançar os novos fins, acaba por aumentar a ineficácia primeira. Neste quadro, o discurso penal fica perdido, estagnado em uma crise circular". (*In: A Ferida Narcísica do Direito Penal (primeiras observações sobre as (dis)funções do controle penal na sociedade contemporânea)*, p. 200)

[92] ROSA, Alexandre Morais da. *Decisão Penal...*, p. 54-55.

[93] Idem, p. 54.

co cuja legitimação não exige maiores desgastes argumentativos: a "completude", a "unidade" e a "coerência"[94] do ordenamento jurídico bastam por si só, e explicam a inabalável crença que se mantém na sistemática do processo penal. Tal instrumento, apesar de possuir cientificidade duvidosa, continua com a credibilidade intacta nos tribunais e em grande parte da doutrina, conforme se verá adiante.

1.5. A solução de conflitos na contemporaneidade: o processo penal moderno

Nesse contexto de pureza jurídica e soberba do direito para o enfrentamento dos problemas, o processo penal é apresentado como a *fórmula mágica* para a solução dos conflitos criminalizados na contemporaneidade. Através de seu arcabouço teórico cientificamente legitimado, juntamente à sustentação científica da ciência (pura) do direito como um todo, o processo penal assume o seu lugar de destaque e habilita-se como meio eficiente para a reconstrução de um evento pretérito, a atribuição de culpas no presente e a determinação de uma pena a ser cumprida no futuro.

A Teoria do Garantismo Penal, de Luigi Ferrajoli, que elegemos como teoria de base para a presente análise, servirá para demonstrar como o processo penal foi pensado e estruturado desde as raízes científicas que legitimam e fundam o arcabouço teórico da modernidade. Não obstante a sua importância jurídica, consideramos tal teoria o mais próximo possível de um processo penal laico, com fundamentação científico-moderna, o que nos levou a apresentá-la neste momento.

Em um ambiente onde o indivíduo é pensado acima de tudo, nada mais lógico do que inverter a lógica do processo inquisitorial de *proteção divina* para se estabelecer a lógica da *proteção individual*. A inversão que a secularização propõe é visível inclusive no moderno processo penal, uma vez que é deixado de lado a busca de uma verdade para se buscar a proteção do indivíduo face ao poder

---

[94] Conferir BOBBIO, Norberto. *Teoria do Ordenamento Jurídico*, p. 37-70, 71-114, e 115-160.

punitivo estatal. O perigo, no entanto, é deixar tal estrutura à mercê de uma pureza metodológica, como queria o positivismo jurídico.

1.5.1. A função protetiva do processo penal

Pelas palavras de Alberto Binder,

> (...) em um Estado de Direito, o julgamento de uma pessoa, em conseqüência do qual ela pode perder sua liberdade, às vezes pelo resto de sua vida, está regulado por um conjunto de princípios historicamente configurados e que têm como finalidade proteger os cidadãos das arbitrariedades cometidas ao longo da história por esse poder de encarcerar os concidadãos que se reconhece ao Estado (...).[95]

Aury Lopes Jr., por sua vez, salienta que

> (...) a instrumentalidade do processo penal é o fundamento de sua existência, mas com uma especial característica: é um instrumento de proteção dos direitos e garantias individuais. É uma especial conotação do caráter instrumental e que só se manifesta no processo penal, pois trata-se de instrumentalidade relacionada ao Direito Penal, à pena, às garantias constitucionais e aos fins políticos e sociais do processo.[96]

E, conforme Luigi Ferrajoli,

> (...) el proceso, como la pena, se justifica precisamente en cuanto técnica de minimización de la reacción social frente al delito: de minimización de la violencia, pero también del arbitrio que de otro modo se produciría con formas aun más salvajes y desenfrenadas.[97]

No sentido dos três autores acima, nota-se que o processo penal teria uma finalidade protetiva dos acusados da prática de delitos, que não podem ser penalizados antes de serem processados. Não seria possível, portanto, efetivar-se a punibilidade de um acusado sem que, prévia e formalmente, tenha sido ele levado a julgamento. E mais: tal julgamento não pode ser realizado sem a observância dos instrumentos de proteção dos acusados – traduzindo: dos direitos e das garantias individuais, que, no caso brasileiro, podem ser encontradas na Constituição da República.

No entanto, embora o CPP brasileiro deva ser, necessariamente, compatibilizado com a Constituição,[98] o que se percebe, na prá-

---

[95] BINDER, Alberto. *O Descumprimento das Formas Processuais*, p. 41.
[96] LOPES JR., Aury. *Introdução Crítica ao Processo Penal*, p. 10.
[97] FERRAJOLI, Luigi. *Derecho y Razón*, p. 604.
[98] Caso contrário, poderá ocorrer a declaração de inconstitucionalidade tanto por parte do Supremo Tribunal Federal, quando por parte de qualquer juiz que tenha

tica, é não só um absoluto desrespeito pela Constituição por parte das regras do CPP, como também uma total não aplicação das regras constitucionais por parte dos juízes (em primeiro e em segundo graus, e também nos Tribunais Políticos).

1.5.2 A teoria do garantismo penal

De acordo com Salo de Carvalho,

> A teoria do garantismo penal, antes de mais nada, propõe-se a estabelecer critérios de racionalidade e civilidade à intervenção penal, deslegitimando qualquer modelo de controle social maniqueísta que coloca a 'defesa social' acima dos direitos e garantias individuais. Percebido dessa forma, o modelo garantista permite a criação de um instrumental prático-teórico idôneo à tutela dos direitos contra a irracionalidade dos poderes, sejam públicos ou privados.[99]

Entende o autor que se trata de um elogio ao direito, uma vez que ele se apresenta como a única forma de conter a irracionalidade da vingança pública ou privada, revelando-se necessariamente como a lei do mais fraco, "que no momento do crime é a parte ofendida, no momento do processo é o réu, e no momento da execução penal é o condenado".[100]

A teoria do garantismo penal mostra-se, pois, como "um esquema tipológico baseado no máximo grau de tutela dos direitos e na fiabilidade do juízo e da legislação, limitando o poder punitivo e garantindo a(s) pessoa(s) contra qualquer tipo de violência arbitrária, pública ou privada".[101]

Segundo o pai do moderno garantismo penal, o italiano Luigi Ferrajoli,

> los *axiomas garantistas* (...) no expresan proposiciones asertivas, sino proposiciones prescriptivas; no describem lo que ocurre, sino que prescriben lo que debe ocurrir; no enuncian las condiciones que un sistema penal efectivamente satisface, sino las que debe satisfacer en adhesión a sus principios normativos internos y/o a parámetros de justificación externa.[102]

---

sido provocado para se manifestar a respeito – tecnicamente, trata-se das declarações coletiva e difusa de inconstitucionalidade.
[99] CARVALHO, Salo. *Aplicação da Pena e Garantismo*, p. 19.
[100] FERRAJOLI, Luigi. *La pena in una Società Democratica*, p. 529. Apud: CARVALHO, Salo. *Pena e Garantias*, p. 97; e *Aplicação da Pena e Garantismo*, p. 20.
[101] CARVALHO, Salo. *Aplicação da Pena...*, p. 21.
[102] FERRAJOLI, Luigi. *Derecho y Razón*, p. 92.

Trata-se, por outras palavras, de implicações deônticas, normativas ou de dever ser,

> (...) cuya conjunción en los distintos sistemas que aquí se axiomatizáran da vida a *modelos* a su vez deónticos, normativos o axiológicos. La adopción de estos modelos, comenzando por el garantista en máximo grado, supone, pues, una opción ético-política en favor de los valores normativamente tutelados por ellos.[103]

Cada uma das implicações deônticas – ou princípios – caracteriza, assim, uma condição sem a qual é proibido castigar. As garantias no direito penal têm, especificamente, a função de condicionar ou vincular e, portanto, deslegitimar o exercício autoritário do poder punitivo estatal.[104]

Distinguindo os requisitos penais (delito, lei, necessidade, ofensa, ação e culpabilidade) dos requisitos processuais (juízo, acusação, prova e defesa), Ferrajoli explica que os princípios que dos primeiros se extraem se chamarão *garantias penais* (ou formais), enquanto que os extraídos dos segundos, *garantias processuais* (ou instrumentais).[105]

Ao expor tais requisitos, o professor da Universidade de Roma Trè chamará de *garantista, cognitivo* ou *de estrita legalidade* ao sistema penal que incluir todos os axiomas. Adverte o autor, ainda, que se trata de "un modelo límite, sólo tendencial y nunca perfectamente satisfacible".[106]

O sistema garantista (SG) criado por Ferrajoli conterá, então, uma tábua axiomática seguindo a tradição escolástica, com as seguintes máximas latinas: *nulla poena sine crimine; nullum crimen sine lege; nulla lex (poenalis) sine necessitate; nulla necesssitas sine iniuria; nulla iniuria sine actione; nulla actio sine culpa; nulla culpa sine iudicio; nullum iudicium sine accusatione; nulla acusatio sine probatione;* e *nulla probatio sine defensione.*[107]

Refere Ferrajoli, ainda, que os dez princípios acima

> (...) fueran elaborados sobre todo por el pensamiento iusnaturalista de los siglos XVII y XVIII, que los concibió como principios políticos, morales o naturales de limitación del poder penal "absoluto". Y han sido ulteriormente incorporados, más o menos íntegra y rigurosamente, a las constituciones y codificaciones de los or-

---

[103] FERRAJOLI, Luigi. *Derecho y Razón*, p. 92.
[104] Idem, ibidem.
[105] Idem, p. 92-93.
[106] Idem, p. 93.
[107] CARVALHO, Salo. *Aplicação da Pena...*, p. 26.

denamientos desarrollados, convirtiéndose así em principios jurídicos del moderno *estado de derecho*.[108]

As seis primeiras constituirão os princípios penais, e as quatro últimas, os princípios processuais. Trataremos, fundamentalmente, das garantias processuais, uma vez que o objeto do presente trabalho é o processo penal. Não se pode deixar de salientar, no entanto, que a correlação entre os dois tipos de garantias para a solidificação de um modelo garantista é fundamental, ou seja: a vinculação direta entre um modelo de direito penal mínimo e um processo penal garantista é imprescindível para a solidificação de um modelo democrático de direito penal e processual penal.

1.5.2.1. A vigência e a validade das normas: novo paradigma de legitimação normativa

Não se pode deixar de mencionar o diferencial que Ferrajoli traz quando atribui ao princípio da legalidade uma nova forma (*mera legalidad e estricta legalidad*),[109] atribuindo a esse princípio a proteção dos direitos fundamentais como sua principal função.

Estabelecendo um contraponto ao modelo juspositivista clássico – quando a simples observância dos procedimentos formais era suficiente para a sua validade – o modelo garantista, representado pelo que o próprio Ferrajoli denomina de *Estado Constitucional Democrático de Direito*,[110] apresenta uma nova racionalidade de admissão das normas, fundando um novo paradigma.

Assim, torna-se necessária uma nova teoria que submeta o conteúdo substancial da norma jurídica (estrita legalidade) aos princípios estabelecidos pela Constituição. A simples existência (vigência) da lei, mesmo que para tanto tenha respeitado os procedimentos formais, por si só não a torna substancialmente válida: é necessário que todas as normas respeitem ao conteúdo da Constituição da República, quando se fará valer seu sentido substancial.

Ressalta Ferrajoli que

> (...) de aquí se desprende una inovación en la propia estructura de la legalidad, que es quizá la conquista más importante del derecho contemporáneo: la regulación

---

[108] FERRAJOLI, Luigi. *Derecho y Razón*, p. 93.
[109] Idem, p. 379.
[110] Conferir FERRAJOLI, Luigi, *Derechos y Garantías. La Ley del Más Débil*.

jurídica del derecho positivo mismo, no sólo en cuanto a las formas de producción sino también por lo que se refiere a los contenidos producidos.[111]

Pode-se chamar de *sistema garantista* a este sistema de dupla legalidade que garante o cidadão contra um direito ilegítimo, em sentido contrário ao modelo paleopositivista.[112]

Cria-se, portanto, um modelo que exige não só a *vigência* das normas (quando são respeitadas as formas de sua produção), mas também a sua *validade* (quando será observada a sua consonância com o conteúdo da Lei Maior) para que seja, efetivamente, válida.

Portanto,

(...) el paradigma del Estado constitucional de derecho – o sea, el modelo garantista – no es outra cosa que esta doble sujeción del derecho al derecho, que afecta a ambas dimensiones de todo fenómeno normativo: la vigencia y la validez, la forma y la substancia, los signos y los significados, la legitimación formal y la legitimación sustancial o, si se quiere, la 'racionalidad formal' y la 'racionalidad material' weberianas.[113]

Após essas breves notas introdutórias acerca da teoria do garantismo penal, as garantias processuais penais apresentam-se, conforme referido acima, como instrumentos necessários a serem respeitados pelo Estado para que durante o processo penal (incluindo igualmente os demais procedimentos aptos a produzir a privação da liberdade de alguém) a característica democrática que delineia o nosso Estado de direito não seja apagada por aspectos autoritários de um processo inquisitório.

1.5.2.2. O processo e as garantias

Partindo, então, para o processo, entendemos o mesmo como um espaço democrático de debates (acusação e defesa) e julgamento a que tem direito de ser submetido todo cidadão acusado da prática de um crime: trata-se, portanto, de um instrumento a serviço do cidadão (direito subjetivo) frente ao poder punitivo do Estado.

Pelas palavras de Aury Lopes Jr., o processo "é a única estrutura que se reconhece como legítima para a imposição da pena".[114] Segue o autor dizendo que "a pena não pode prescindir do processo

---

[111] FERRAJOLI, Luigi, *Derechos y Garantías...*, p. 19.
[112] Idem, p. 19-20.
[113] Idem, p. 22.
[114] LOPES JR., Aury. *Sistemas de Investigação Preliminar no Processo Penal*, p. 3.

penal," uma vez que *"o processo é o caminho necessário para a pena"*,[115] definindo-o como "instrumento a serviço da máxima eficácia de um sistema de garantias mínimas".[116]

Gomez Orbaneja, citado por Lopes Jr., extrai daí o *princípio da necessidade do processo penal*, já que *"não existe delito sem pena, nem pena sem delito e processo, nem processo senão para determinar o delito e atuar a pena"*.[117]

Para que o processo penal seja válido, necessário que siga todas as formas prescritas em lei e que, naturalmente, respeite todas as garantias processuais constitucionalmente previstas (art. 5º, incisos, XI, XXXV, XXXVII, XXXIX, XL, XLI, XLVII, XLIX, L, LII, LIII, LIV, LV, LVI, LVII, LXI, LXII, LXIII, LXIV, LXV, LXVI, LXVIII; art. 22, inciso I; art. 93, inciso IX; dentre outros artigos da CR), que são nada mais nada menos do que os axiomas de Ferrajoli positivados em nossa Carta Política de 1988.

Tais garantias têm a função de assegurar a aplicabilidade dos direitos humanos positivados e confirmar o processo como um espaço público de defesa dos direitos fundamentais[118] da pessoa – exclusivamente, neste caso, do acusado. O processo oferecerá, segundo os mandamentos garantistas, que seja reduzido ao mínimo o número de inocentes condenados. Claro que, em contrapartida, alguns culpados serão isentos de culpa e punição: mas esse é o preço a ser pago por um Estado de Direito que possuir um processo penal garantista e democrático.

A partir do momento em que abriu mão da solução privada de seus conflitos, outorgando ao Estado o monopólio da jurisdição e da resolução dos conflitos sociais, o cidadão passa a ser detentor do *direito ao processo*. Segundo Aury Lopes Jr.,

---

[115] LOPES JR., Aury. *Sistemas de Investigação Preliminar no Processo Penal*, p. 6.
[116] LOPES JR., Aury. *Introdução Crítica ao Processo Penal*, p. 2.
[117] Idem, ibidem.
[118] Para Luigi Ferrajoli, são *direitos fundamentais* "todos aquellos derechos subjetivos que corresponden universalmente a 'todos' los seres humanos en cuanto dotados del *status* de personas, de ciudadanos o personas con capacidad de obrar; entendiendo por 'derecho subjetivo' cualquier expectativa positiva (de prestaciones) o negativa (de no sufrir lesiones) adstricta a un sujeto por una norma jurídica; y por '*status*' la condición de un sujeto, prevista asimismo por una norma jurídica positiva, como presupuesto de su idoneidad para ser titular de situaciones jurídicas y/o autor de los actos que son ejercício de éstas". (FERRAJOLI, Luigi. *Los Fundamentos de los Derechos Fundamentales*, p. 19.)

(...) frente à violação de um bem juridicamente protegido, não cabe outra atividade que não a invocação da devida tutela jurisdicional. Impõe-se a *necessária utilização da estrutura preestabelecida pelo Estado – o processo judicial –* em que, mediante a atuação de um terceiro imparcial, cuja designação não corresponde às vontades das partes e resulta da imposição da estrutura institucional, será solucionado o conflito e sancionado o autor.[119]

Nesse sentido, vislumbramos, então, o princípio *nulla poena sine iudicio*. Segundo Luigi Ferrajoli, esta é a principal garantia processual, constituindo-se em pressuposto de todas as demais.[120] Para Salo de Carvalho, por causa deste princípio, "o Estado há de submeter a sua pretensão punitiva ao crivo do Poder Judiciário, tendo o ônus de alegar e provar determinada prática delituosa, assegurados constitucionalmente a instrução criminal contraditória e o princípio da ampla defesa...".[121]

As garantias, nesse contexto, não poderiam significar outra coisa senão uma limitação ao próprio Estado, uma vez que quando o indivíduo abriu mão de solucionar seus conflitos outorgando ao Estado essa função, a fim de evitar a vingança privada, receber em troca um mínimo de segurança e estabelecer um avanço civilizatório fundamental, ele jamais o teria realizado se não previsse algumas formas de contenção de um provável abuso de poder.

Face ao contraponto emergente entre um processo democrático e um autoritário, dois modelos (ou sistemas) processuais penais, pois, se apresentam, quais sejam, o inquisitório,[122] característico de um Estado autoritário (ou de um Estado Democrático "de fachada"), e o acusatório,[123] presente nos Estados realmente democráticos.

---

[119] LOPES JR., Aury. *Sistemas de Investigação Preliminar no Processo Penal*, p. 3.
[120] FERRAJOLI, Luigi. *Derecho y Razón*, p. 538.
[121] CARVALHO, Salo de. *Teoria Agnóstica da Pena: o modelo garantista de limitação do poder punitivo*, p. 24.
[122] O modelo inquisitório caracteriza-se pela união da função de acusar e julgar em uma única pessoa, que poderá buscar as provas como bem entender; pelo sigilo processual; pela primazia da forma escrita sobre a oral; pela consagração da confissão como a "rainha das provas"; dentre outras características. (LOPES JR., Aury. *Introdução Crítica...*, p. 156-162; COUTINHO, Jacinto Nelson de Miranda. *O Papel do Novo Juiz no Processo Penal*, p. 18-31).
[123] Este modelo caracteriza-se pela clara distinção entre as atividades de acusar e julgar; pela limitação da iniciativa probatória unicamente às partes; pelo juiz tido como terceiro imparcial; pelo tratamento igualitário às partes; pela publicidade do procedimento; pela prevalência da oralidade; pelo contraditório e pela ampla defesa; pelo duplo grau de jurisdição; dentre outras (LOPES JR., Aury. *Introdução*

Luigi Ferrajoli, ao estabelecer os axiomas garantistas jurisdicionais, separa a jurisdição em duas: a *"jurisdicionalidad lata"* e a *"jurisdicionalidad estricta"*.[124]

A primeira faz-se representar pelas máximas *nulla poena, nullum crimen, nulla culpa sine iudicio*, podendo comportar tanto um sistema processual acusatório quanto um inquisitório. Já a segunda é representada pelos princípios *nullum iudicium sine acusatione, sine probatione y sine defensione*, podendo apresentar unicamente um processo penal acusatório: "mientras la jurisdicionalidad en sentido lato es uma exigencia de cualquier tipo de proceso, sea acusatorio o inquisitivo, la jurisdicionalidad en sentido estricto supone la forma acusatoria del proceso".[125]

Assim, a ampla defesa, o contraditório, o ônus da prova por parte do órgão acusador, a motivação racional das decisões, a presunção de inocência, a separação do poder de julgar dos de acusar e defender, o devido processo legal, dentre outras, são as características marcantes de um processo acusatório-garantista, definitivamente incorporado na Constituição da República de 1988. Tais princípios devem orientar não só o processo penal ordinário, mas também *todo e qualquer processo cujo final possa culminar em uma condenação do acusado e, consequentemente, possa vir a suprimir a liberdade do mesmo.*

Crítica..., p. 154; COUTINHO, Jacinto Nelson de Miranda. *O Papel do Novo Juiz...*, p. 31-42).
[124] FERRAJOLI, Luigi. *Derecho y Razón*, p. 539.
[125] Idem, ibidem.

2. O processo penal brasileiro e os modelos alternativos à justiça criminal

Neste momento, demonstraremos a estrutura do processo penal brasileiro a partir do Código de Processo Penal de 1941, a fim de demonstrar como foi estruturado o referido código e como a influência medieval se faz presente de forma significativa neste ramo do direito.

2.1. Breve análise da exposição dos motivos do vigente Código de Processo Penal brasileiro

A partir da leitura da exposição de motivos do Código de Processo Penal brasileiro (Decreto-Lei nº 3.689/1941), nota-se que a sua lógica característica privilegia os interesses da sociedade aos interesses dos indivíduos. Desde esse apontamento inicial, é possível fazer a leitura da legislação processual penal brasileira, que é fundamentada a partir da imposição do "objetivo de maior eficiência e energia da ação repressiva do Estado contra os que delinquem".[126] Para Salo de Carvalho, o atual CPP

> (...) foi marcado pelo signo da eficiência da repressão penal. De corte nitidamente autoritário, pois inspirado na reforma do Código de Processo Penal italiano realizada por Rocco (Ministro da Justiça de Mussolini), a legislação codificada optou pela minimização dos direitos e garantias fundamentais, adotando um modelo processual de corte nitidamente inquisitivo.[127]

---

[126] In *Código de Processo Penal: exposição de motivos do código de processo penal*, p. 397.
[127] CARVALHO, Salo de. *As Reformas Parciais no Processo Penal Brasileiro*, p. 84.

O referido decreto-lei foi criado com a finalidade de coordenar sistematicamente as regras do processo penal em um Código só para todo o Brasil (pois até então existiam Códigos de Processo Penal estaduais),[128] tendo sido pensado desde uma perspectiva defensivista. Resultou, efetivamente, em uma diminuição das garantias e dos "favores" das antigas leis processuais penais então vigentes, que tornavam "defeituosa e retardatária" a repressão penal – conforme acreditavam os reformistas, que consideravam os referidos "favores" como estimulantes indiretos para a expansão da criminalidade. Diz a exposição de motivos do CPP que "urge que seja abolida a injustificável primazia do interesse do indivíduo sobre o da tutela social," não sendo possível "contemporizar com pseudo-direitos individuais em prejuízo do bem comum".[129]

Durante a leitura da exposição de motivos do CPP, percebe-se que o juiz resta autorizado a produzir provas "complementares ou supletivas, quer no curso da instrução criminal, quer a final, antes de proferir a sentença". Tal ideia é posteriormente reforçada, quando volta o expositor de motivos a ressaltar que

> (...) o juiz deixará de ser um espectador inerte da produção de provas. Sua intervenção na atividade processual é permitida, não somente para dirigir a marcha da ação penal e julgar a final, mas também para ordenar, de ofício, as provas que lhe parecerem úteis ao esclarecimento da verdade.[130]

E, em relação ao interrogatório do acusado, o expositor foi igualmente enfático: "é facultado ao juiz formular ao acusado quaisquer perguntas que julgue necessárias à pesquisa da verdade, e se é certo que o silêncio do réu não importará confissão, poderá, entretanto, servir, em face de outros indícios, à formação do convencimento do juiz".[131]

Em seguida, o expositor se reporta à prisão preventiva, que, segundo a ideia daquele momento histórico,

> (...) desprende-se dos limites estreitos até agora traçados à sua admissibilidade. Pressuposta a existência de suficientes indícios para imputação da autoria do crime, a prisão preventiva poderá ser decretada toda vez que o reclame o interesse da ordem pública, ou da instrução criminal, ou da efetiva aplicação da lei penal.[132]

---

[128] CARVALHO, Salo de. *As Reformas Parciais no Processo Penal Brasileiro*, p. 84.
[129] In *Código de Processo Penal: exposição de motivos...*, p. 397.
[130] Idem, p. 399.
[131] Idem, p. 401.
[132] Idem, ibidem.

Entretanto, para os crimes a que sejam cominadas penas iguais ou superiores a 10 (dez) anos, "a decretação da prisão preventiva será *obrigatória*, dispensando outro requisito além da prova indiciária contra o acusado".[133]

Ao final, porém, ressalta o expositor que o então projeto de CPP visava ao "equilíbrio entre o interesse social e o da defesa individual, entre o direito do Estado à punição dos criminosos e o direito do indivíduo às garantias e seguranças de sua liberdade".[134]

Não obstante apresentar frases soltas que afirmam a pretensão estatal de também garantir o cidadão frente ao poder punitivo, a reforma do processo penal, para Salo de Carvalho,

(...) operou-se sob o enfoque da minimização das barreiras formais (garantias processuais) em nome de uma maior eficácia repressiva. Em toda a exposição de motivos (...) o argumento era claro: a formalidade, nominada burocracia, impedia o incremento de uma política criminal de Defesa Social. (...) Claro, pois, que o estatuto em vigência possui um déficit de garantismo.[135]

2.2. A crise do processo penal tradicional e a emergência dos modelos alternativos à justiça criminal

A estrutura do processo penal moderno apresentada no capítulo anterior, pretensamente laicizada – apesar de sacralizada – apresenta sintomas de crise: uma vez que nem os interesses dos indivíduos são resguardados pelos Tribunais, e sequer o interesse social de repressão aos delinquentes pode ser resguardado pela existência e consequente aplicação do sistema penal, aumenta-se a malha repressora do direito penal e expande-se a instrumentalidade repressiva no processo penal.

Enquanto no direito penal percebe-se uma desenfreada busca da segurança através da edição de inúmeras leis penais, do aumento das penas em abstrato já existentes e da criação de novos tipos penais inseridos em leis atualmente em vigor, no processo penal é possível dizer que três opções são colocadas à disposição dos atores jurídicos: (a) utiliza-se aquilo que Choukr chamou de *Processo Penal*

---
[133] In *Código de Processo Penal: exposição de motivos...*, p. 401.
[134] Idem, p. 405.
[135] CARVALHO, Salo de. *As Reformas Parciais...*, p. 99.

de Emergência;[136] (b) inicia-se o respeito à Constituição da República e a todos os seus princípios processuais penais (que nunca foram observados da forma como devem, registre-se); ou (c) passa-se a pensar em novas formas de administração da justiça criminal.

Parece-nos que a opção pelo processo penal de emergência já foi utilizada e demonstra não ter surtido o efeito que seus defensores pretendiam: desde a leitura da exposição de motivos do atual CPP é possível notar que a instrumentalização dos poderes instrutórios do juiz é convocada a auxiliar na "busca da verdade". Porém, não é razoável acreditar que há tanto tempo a mesma ideia persiste e é perseguida por tantos atores jurídicos[137] (para tanto, basta

---

[136] Ver nota n° 70.

[137] Para que se demonstre a ampla crença na busca da verdade, vale conferir o que dizem os magistrados pelos tribunais país afora, a começar pelo Superior Tribunal de Justiça: *"não há falar, à luz das normas insertas nos artigos 156 e 502, parágrafo único, do Código de Processo Penal, em impedimento de magistrado que, na busca da verdade real, determina, ex officio, a oitiva de testemunhas"*. (Superior Tribunal de Justiça, *Habeas Corpus* n° 31294/PR, 6ª Turma, Rel. Ministro Hamilton Carvalhido, publicado no Diário da Justiça em 09/10/2004, p. 362.) No mesmo sentido, ressaltam também que a *"busca da verdade real (...) deve sempre prevalecer em face da importância dos interesses envolvidos na esfera do processo penal"*. (Superior Tribunal de Justiça, *Habeas Corpus* n° 58833/RJ, 5ª Turma, Rel. Ministro Gilson Dipp, publicado no Diário da Justiça em 12/09/2006, p. 334.) Ainda, conforme entendimento da Ministra Laurita Vaz, *"nada impede que o novo Juízo competente, caso assim entenda, proceda à oitiva das demais testemunhas faltantes, da defesa e acusação, a teor da possibilidade de iniciativa probatória do juiz, expressa no art. 156, do Código de Processo Penal, como forma de obtenção do alcance da verdade real, que sempre deve prevalecer no processo penal"*. (Superior Tribunal de Justiça, *Habeas Corpus* n° 32578/MG, 5.ª Turma, Rel. Ministra Laurita Vaz, publicado no Diário da Justiça em 01/08/2006, p.464.) Em outra decisão, a mesma ministra salientou que *"é tarefa precípua do Estado-Juiz a busca do esclarecimento dos fatos e da verdade real"*. (Superior Tribunal de Justiça, *Habeas Corpus* n° 50721/SP, 5ª Turma, Rel. Ministra Laurita Vaz, publicado no Diário da Justiça em 01/08/2006, p. 477) Já nos âmbitos estadual e regional, percebe-se que a busca pela verdade real permanece em seu lugar de destaque: *"o juiz está comprometido com a verdade real e não macula de parcialidade sua atuação quando no interrogatório questiona o réu sobre sua reconstituição anterior dos fatos, diversa da apresentada"*. (Tribunal de Justiça do Rio Grande do Sul, Apelação Crime n° 70015504210, Terceira Câmara Criminal, Relatora: Elba Aparecida Nicolli Bastos. Julgado em 13/07/2006.) As palavras do Desembargador Federal Élcio Pinheiro de Castro, do Tribunal Regional Federal da 4ª Região, para quem até mesmo o juiz pode produzir provas para atingir a finalidade do processo penal, por sua vez, são significativas: *"em nome do princípio da verdade real, o julgador pode requerer, ex officio, diligências para dirimir dúvida sobre ponto relevante (art. 156 do CPP)"*. (Tribunal Regional Federal da 4ª Região, ACR n° 2000.70.010018404/PR, Oitava Turma, Relator: Élcio Pinheiro de Castro, publicado no Diário da Justiça da União em 17/08/2005, p. 787) Tais entendimentos deixam claro que a postura dos magistrados em pleno século XXI permanece a mesma apresentada pelos inqui-

uma leitura simples, por exemplo, das Leis n° 8.072/90, 9.034/95, 9.613/98 e 9.807/99, para se chegar a uma conclusão sobre os efeitos nefastos que o aumento dos poderes instrutórios do juiz pode causar[138]). Além de ultrapassada, tal estratégia não passa de mero paliativo frente à criminalidade, uma vez que o processo penal não serve para combater o crime e o delinquente, mas tão somente para que ninguém seja penalizado sumariamente, sem direito a defesa, contraditório, etc. Na mesma linha de Aury Lopes Jr., salientamos que o processo deve ser o caminho necessário para a aplicação da pena.[139]

A observação dos direitos e garantias individuais por parte dos Tribunais, por sua vez, apesar de economicamente possível e juridicamente necessária, continua afastada da praxe forense. Enquanto a onda de repressão da criminalidade a todo custo persistir e a propaganda midiática de que o culpado pelos males do mundo é o delinquente,[140] a concretização dos princípios processuais penais constitucionais[141] continuará tão distante quanto hoje. Seus aplicadores (em um número bastante restrito no país) ora são tachados de "defensores de bandidos", ora de "utópicos" ou "idealistas", quando, na verdade, tudo o que defendem é a própria democracia no processo penal, incluindo as devidas punições, quando comprovada a condição de culpado de um acusado. A exposição da teoria garantista acima deixa claro que não é a impunidade que se defende, mas a aplicação da Constituição.

E, por fim, desde o momento em que a sistemática de busca da verdade declarada na exposição de motivos do atual CPP deixou de

---

sidores medievais. A tarefa do inquisidor, antes de qualquer outra coisa, era a de buscar a verdade acerca dos eventos tidos como delituosos, para que então fosse possível punir um cidadão pela prática de um delito de heresia. Como se percebe, nada mudou: apenas o foco foi (re)direcionado em direção a outros objetivos, pretensamente científicos. Por fim, vale citar um trecho de uma decisão do Supremo Tribunal Federal: "... torna-se legítima a instauração da 'persecutio criminis', eis que se impõe, ao Poder Público, a adoção de providências necessárias ao integral esclarecimento da verdade real (...)". (Supremo Tribunal Federal, Habeas Corpus nº 82393/RJ, 2ª Turma, Rel. Ministro Celso de Mello, publicado no Diário da Justiça em 22/08/2003, p. 49.)

[138] Para uma análise pormenorizada nesse sentido, conferir CHOUKR, Fauzi Hassan. *Processo Penal de Emergência*.

[139] LOPES JR., Aury. *Introdução Crítica ao Processo Penal*, p. 1.

[140] Conferir PASTANA, Débora. *A Cultura do Medo*. Vide nota n. 69.

[141] Conferir também LUISI, Luiz. *Os Princípios Constitucionais Penais*.

ser o único meio para tanto, sua infalibilidade começa a ser questionada e seus dogmas deixam de ser intransponíveis. A edição da Lei 9.099/95 evidencia a confirmação do que já se podia perceber: a falência do modelo de processo penal atualmente em vigor no Brasil.

Novas formas de enfrentar os conflitos criminais têm surgido, demonstrando que novas possibilidades estão sendo criadas e colocadas à disposição do sistema jurídico como um todo. Antes de analisar conceitualmente essas novas formas, a abordagem das mesmas se dará de uma maneira mais ampla, de forma a refletirmos se representam ou não *sintomas* da crise do processo penal como gestor dos conflitos criminais.

Especificamente quanto ao sistema formal de controle social, novas propostas e algumas reformas foram efetuadas, e já se encontram em vigor. A partir dos anos 70, passaram a ser buscadas formas alternativas de resolução de litígios[142] e no Rio Grande do Sul, especificamente, novos modelos de gestão de conflitos criminais estão em plena atividade.

Enquanto em relação ao direito penal material o que se percebe é uma enérgica tentativa de ampliação dos tipos penais, no direito processual penal é possível averiguar intenções semelhantes – porém, dentro da sua área de interferência: ao invés de ampliação repressiva, o que se percebe é uma *diminuição protetiva* dos acusados. Isto pode ser verificado a partir da ampla estruturação persecutória do Estado, com a diminuição dos direitos e das garantias individuais daqueles em prol de uma eficiência punitiva, apesar do processo penal ser apresentado desde os clássicos iluministas[143] como um instrumento protetor da liberdade individual contra o poder punitivo estatal.

Conforme Rodrigo Ghiringhelli de Azevedo,

(...) no âmbito do sistema judicial, as reformas institucionais são apresentadas como tentativas de dar conta do aumento das taxas de criminalidade violenta, do crescimento geométrico da criminalidade organizada e do sentimento de insegurança que se verifica nos grandes aglomerados urbanos. A pressão da opinião pública, amplificada pelos meios de comunicação de massa, pressiona no sentido de uma maior eficácia, tendo como paradigma preferencial a chamada política de 'tolerância zero', adotada pela prefeitura de Nova Iorque no início dos anos 90, e

---

[142] AZEVEDO, Rodrigo Ghiringhelli. *Conciliar ou Punir? Dilemas do controle penal na época contemporânea*, p. 65.
[143] Por todos, conferir BECCARIA, Cesare de Bonesana. *Dos Delitos e das Penas*.

defendida por diferentes setores do espectro público. O pressuposto dessa política de segurança pública é a perda de eficácia das estratégias brandas ou informais de controle social.[144]

E, em relação especificamente à esfera penal, salienta Azevedo que tais reformas são operadas através de "mecanismos de descriminalização e de informalização processual," com mudanças na legislação vigente.[145]

A seguir, o autor apresenta as características que configuram um tipo ideal de informalização da justiça nos estados contemporâneos:

> uma estrutura menos burocrática e relativamente mais próxima do meio social em que atua; aposta na capacidade dos disputantes promoverem sua própria defesa, com uma diminuição da ênfase no uso de profissionais e da linguagem legal formal; preferência por normas substantivas e procedimentais mais flexíveis, particularistas, *ad hoc*; mediação e conciliação entre as partes mais do que adjudicação de culpa; participação de não juristas como mediadores; preocupação com uma grande variedade de assuntos e evidências, rompendo com a máxima de que 'o que não está no processo não está no mundo'; facilitação do acesso aos serviços judiciais para pessoas com recursos limitados para assegurar auxílio legal profissional; um ambiente mais humano e cuidadoso, com uma justiça resolutiva rápida, e ênfase em uma maior imparcialidade, durabilidade e mútua concordância no resultado; geração de um senso de comunidade e estabelecimento de um controle local através da resolução judicial de conflitos; maior relevância em sanções não coercitivas para obter acatamento.[146]

Enquanto o processo penal está constitucionalmente limitado por direitos e garantias individuais (muito embora de observação limitada por parte dos Tribunais brasileiros), os modelos consensuais de resolução de conflitos apresentam uma estrutura que, por vezes, abandona alguns desses direitos e garantias em prol de uma atuação estatal que possa admitir, trabalhar e enfrentar a complexidade que envolvem os casos criminais.

Necessário questionar, nesse sentido, se esses novos modelos de justiça criminal já não nascem com os mesmos pressupostos e as mesmas pretensões do *antigo* processo penal. A Teoria do Garantismo Penal, de Luigi Ferrajoli, base teórica principal da presente in-

---

[144] AZEVEDO, Rodrigo Ghiringhelli. *Informalização da Justiça e Controle Social*, p. 100-101.
[145] AZEVEDO, Rodrigo Ghiringhelli. *Conciliar ou Punir? Dilemas do controle penal na época contemporânea*, p. 66.
[146] Idem, p. 67-68.

vestigação, estabelece uma série de limitações penais e processuais penais aos legisladores e operadores jurídicos, e possibilita colocar em questão todas essas novas formas de justiça acerca de sua adequação constitucional, bem como de sua funcionalidade. E, ainda, se elas estão ou não a dar continuidade à mesma racionalidade do modelo processual penal tradicional – motivos esses que nos levaram a escolher essa teoria para realizarmos a presente análise.

A questão, ao abordar esses novos mecanismos de gestão da justiça criminal, coloca-se no âmbito dos objetivos desses projetos, uma vez que todos apresentam a característica da informalização e da aceleração nas decisões dos casos. Seriam eles capitaneados pela Lei 9.099/95, que instituiu os Juizados Especiais Criminais (JEC). Em se tratando de mudanças estruturais na forma do processo penal, os JEC podem ser considerados como as condições de possibilidades para a informalização daquele, vindo a possibilitar, ainda, novas experiências procedimentais.

Quanto aos demais modelos de gestão criminal, apresentaremos as "justiças" Terapêutica, Restaurativa e Instantânea, atualmente em plena atividade no Rio Grande do Sul. Entendemos que essas aparecem como corolário da implantação dos JEC, tendo sido viabilizados, em alguns casos, somente após a entrada em vigor da Lei 9.099/95.

2.3. Os Juizados Especiais Criminais e os modelos alternativos à justiça criminal: os primeiros sintomas da crise

Tomados como *motor* da crise do processo penal, os Juizados Especiais Criminais, instituídos a partir da Lei 9.099/95 (em cumprimento a mandamento constitucional),[147] estabeleceram

---

[147] Art. 98, CR/1988: "A União, no Distrito Federal e nos Territórios, e os Estados criarão: I - juizados especiais, providos por juízes togados, ou togados e leigos, competentes para a conciliação, o julgamento e a execução de causas cíveis de menor complexidade e infrações penais de menor potencial ofensivo, mediante os procedimentos oral e sumaríssimo, permitidos, nas hipóteses previstas em lei, a transação e o julgamento de recursos por turmas de juízes de primeiro grau. (...) § 1º Lei federal disporá sobre a criação de juizados especiais no âmbito da Justiça Federal. (Renumerado pela Emenda Constitucional nº 45, de 2004)"

(...) uma lógica de informalização, entendida não como a renúncia do Estado ao controle de condutas e no alargamento das margens de tolerância, mas como a procura de alternativas de controle mais eficazes e menos onerosas. Para os Juizados Especiais Criminais vão confluir determinados tipos de delitos (com pena máxima em abstrato até um ano), e de acusados (não reincidentes). Com a sua implantação, se esperava que as antigas varas criminais pudessem atuar com maior prioridade sobre os chamados crimes de maior potencial ofensivo.[148]

Conforme Azevedo, "após a promulgação da Constituição de 1988, o Presidente do Tribunal de Alçada Criminal de São Paulo, Juiz Manoel Veiga de Carvalho, constituiu grupo de trabalho para a elaboração de Anteprojeto de lei tratando da matéria".[149] O referido grupo, por sua vez, elaborou um anteprojeto que

(...) foi discutido em São Paulo, na seccional da Ordem dos Advogados do Brasil, recebendo sugestões de aprimoramento de representantes de todas as categorias jurídicas, tais como advogados, juízes, membros do Ministério Público, delegados de polícia, procuradores do Estado no exercício das funções de defensores públicos, professores, estudantes de direito e interessados em geral.[150]

O anteprojeto, então, foi finalizado e apresentado ao Deputado Federal Michel Temer, que acolheu a proposta e a protocolou na Câmara dos Deputados, transformando-a no Projeto de Lei 1.480/89. O Deputado Ibrahim Abi-Ackel, relator de todas as propostas na Comissão de Constituição e Justiça da Câmara dos Deputados, por sua vez, selecionou este Projeto, conhecido como Projeto Michel Temer, no âmbito penal e, no âmbito cível, foi selecionado o Projeto Nelson Jobim. Os dois Projetos foram unidos, culminando em um Substitutivo, sem que houvesse interferência de uma esfera sobre a outra. Posteriormente, o Substitutivo foi aprovado, resultando na Lei 9.099 de 26 de setembro de 1995.

Ainda tratando do Projeto Michel Temer, o mesmo previa a conciliação entre as partes como primeiro passo procedimental. Inexitosa a tentativa de acordo, e não sendo caso de arquivamento, o Ministério Público poderia propor a transação penal, com aplicação imediata de pena restritiva de direitos ou multa, que equivaleria à

---

[148] AZEVEDO, Rodrigo Ghiringhelli. *Conciliar ou Punir? – Dilemas do controle penal na época contemporânea*, p. 68-69.

[149] AZEVEDO, Rodrigo Ghiringhelli. *Informalização da Justiça e Controle Social*, p. 119.

[150] GRINOVER, Ada Pellegrini; GOMES FILHO, Antonio Magalhães; FERNANDES, Antonio Scarance; GOMES, Luiz Flávio. *Juizados Especiais Criminais: comentários à Lei 9.099, de 26.09.1995*, p. 33.

denúncia do MP e a impediria de ser oferecida. O réu reincidente e aquele que tivesse feito transação penal anteriormente no prazo de cinco anos, não teriam direito à transação – ou, ainda, quando os antecedentes, a conduta social e a personalidade do réu, bem como os motivos e as circunstâncias indicassem, conjuntamente, não ser indicada a adoção da medida.[151]

Com o aceite da proposta de transação, o acordo não seria registrado na folha de antecedentes do acusado: o registro serviria apenas para impedir nova transação dentro do período dos cinco anos seguintes. E a transação, ao contrário da conciliação, não produziria efeitos civis, o que obrigaria à vítima propor, querendo, eventual ação indenizatória no juízo cível.[152]

Frustrada a proposta de transação penal, o Ministério Público ofereceria a denúncia. Para os delitos de lesões leves e culposas,

(...) o projeto Temer passava a exigir a representação da vítima ou de seu representante legal, sem o que o MP não poderia oferecer a denúncia. Nos crimes com pena mínima prevista igual ou inferior a um ano, o MP, ao oferecer a denúncia, poderia propor a suspensão condicional do processo, por dois ou quatro anos, desde que o réu não estivesse sendo processado ou não tivesse sido condenado por outro crime, e estivessem presentes os requisitos do *sursis*.[153]

Devidamente editada, a referida lei

(...) foi saudada por setores expressivos da comunidade jurídica brasileira como instrumento capaz de revolucionar o sistema de justiça criminal vigente, supostamente regulado pelas ultrapassadas regras extraídas do Código de Processo Penal de 3 de outubro de 1941 (Decreto-Lei nº 3.689).[154]

O novo modelo de justiça criminal foi recepcionado, portanto, como "depositário de expectativas de transformação de um obsoleto, seletivo e estigmatizante sistema de justiça criminal",[155] incidindo nos chamados *crimes de menor potencial ofensivo*, definidos como aqueles cuja pena máxima em abstrato não ultrapasse um ano. Tal definição viria a ser modificada com o advento da Lei 10.259/01, que, ao instituir os Juizados Especiais na Justiça Federal, ampliou este conceito, considerando como de menor potencial

---

[151] AZEVEDO, Rodrigo Ghiringhelli. *Informalização da Justiça...*, p. 120.
[152] Idem, ibidem.
[153] Idem, p. 120-121.
[154] PRADO, Geraldo. *Transação Penal*, p. 1.
[155] Idem, ibidem.

ofensivo aqueles crimes cujas penas máximas em abstrato não ultrapassassem dois anos.

No ano de 2006, porém, para dirimir quaisquer dúvidas que pudessem ainda sobreviver acerca da potencialidade ofensiva desses crimes, a Lei 11.313 alterou o artigo 61 da Lei 9.099/95, consolidando o conceito de crimes de menor potencial ofensivo como sendo aqueles cuja pena máxima em abstrato não ultrapassasse os dois anos.

Nereu José Giacomolli, por sua vez, refere que

(...) o legislador ordinário não se limitou a estabelecer o que constitui uma infração de menor potencial ofensivo, mas regulamentou um novo processo penal para estas infrações, denominando-o de sumaríssimo, além de criar um microssistema dentro do ordenamento jurídico brasileiro, ainda que não totalmente independente, pois se aplicam, subsidiariamente, as normas do Código Penal e do Código de Processo Penal.[156]

O novo processo penal, delimitado pela Lei 9.099/95, estaria caracterizado, dentre outras particularidades, "pela oralidade, pela concentração da audiência em um único ato processual, com a defesa prévia à acusação, o interrogatório como último ato da instrução".[157]

2.3.1. Os princípios informadores dos Juizados Especiais Criminais

Conforme se depreende da leitura da Lei 9.099/95, o processo penal dos Juizados deve ser orientado pelos critérios da oralidade, da informalidade, da economia processual e da celeridade. Leciona Azevedo que deve o processo, ainda, objetivar, "sempre que possível, a reparação dos danos sofridos pela vítima e a aplicação de pena não privativa de liberdade".[158]

Deve-se também observar que tais princípios são próprios dos Juizados, acrescentando-se, conforme Geraldo Prado e Luis Gustavo Grandinetti Castanho de Carvalho, os princípios da "disponibilidade da ação penal, [e] o duplo grau de jurisdição com Juízes de 1º grau (...)".[159] Os autores salientam ainda que os princípios da infor-

---
[156] GIACOMOLLI, Nereu José. *Legalidade, Oportunidade e Consenso no Processo Penal: na perspectiva das garantias constitucionais*, p. 312.
[157] Idem, p. 308.
[158] AZEVEDO, Rodrigo Ghiringhelli. *Conciliar ou Punir?...*, p. 70.
[159] PRADO, Geraldo; CARVALHO, L. G. Grandinetti Castanho de. *Lei dos Juizados Especiais Criminais: comentada e anotada*, p. 33.

malidade, da economia processual e da celeridade representam a lógica dos Juizados,[160] informando a forma de proceder que deverá ser seguida pelos operadores atuantes nesses locais.

Dispensando o inquérito policial,

> (...) a Lei nº 9.099/95 determina que a autoridade policial, ao tomar conhecimento do fato delituoso, deve imediatamente lavrar um termo circunstanciado do ocorrido e encaminhá-lo ao Juizado, se possível com o autor do fato e a vítima, providenciando a requisição dos exames periciais necessários para a comprovação da materialidade do fato (art. 69). Não sendo possível o comparecimento imediato de qualquer dos envolvidos ao Juizado, a Secretaria do Juizado deverá providenciar a intimação da vítima e do autor do fato, por correspondência com aviso de recebimento, para que compareçam à audiência preliminar (art. 71).[161]

A informalidade preza por uma maior participação dos envolvidos na tentativa de resolução do problema, propiciando um equilíbrio na atuação entre o autor do fato, a vítima e os seus advogados.[162] A expansão da possibilidade de participação das partes no processo viabiliza um enfrentamento mais incisivo das questões conflituais diretamente relacionadas com o problema jurídico em tela, relativizando o que será redigido pelos procuradores posteriormente.

Pode-se dizer, consequentemente, que a oralidade anda paralelamente à informalidade, fazendo-a valer em vários momentos. "Processualmente, a oralidade indica menor formalismo".[163] Enquanto nos modelos inquisitoriais a prevalência era da manifestação escrita dos envolvidos, a Lei 9.099/95 inverte a lógica e faz preponderar a oralidade para a intervenção dos interessados.

A oralidade não só possibilita uma mais ampla frente de diálogo entre os envolvidos, como também faz a imposição legislativa da celeridade, efetivando-a. O encontro dos três princípios até aqui mencionados (informalidade, oralidade e celeridade) amplia a crise do processo penal, ao passo que: (a) preza pela informalidade no

---

[160] PRADO, Geraldo; CARVALHO, Luis Gustavo G. C. de. *Lei dos Juizados...*, p. 34.
[161] AZEVEDO, Rodrigo Ghiringhelli. *Conciliar ou Punir?...*, p. 70.
[162] Enquanto Prado e Grandinetti de Carvalho acreditam ser essa consequência oriunda do princípio da oralidade (In *Lei dos Juizados...*, p. 35), acreditamos ser o entrelaçamento deste princípio com o da informalidade que propicia esse aumento da participação das partes no enfrentamento da questão. A oralidade por si só – acreditamos – não possui capacidade de viabilizar tal possibilidade; porém, juntamente com a informalidade, pensamos ser possível tal concretização.
[163] PRADO, Geraldo; CARVALHO, Luis Gustavo G. C. de. *Lei dos Juizados...*, p. 36.

desenvolvimento do processo; (b) afasta as manifestações escritas e possibilita aos envolvidos optar pelo diálogo; e (c) sintoniza o procedimento dos Juizados com a necessidade legal da celeridade (agora também uma preocupação constitucional)[164] para a abordagem dos conflitos de menor potencial ofensivo apresentados ao Poder Judiciário.

Consequência lógica desses três princípios é a economia processual, elencada igualmente como princípio pela Lei nº 9.099/95. Conforme Grinover *et alii*,

> (...) o rito sumaríssimo introduzido pela lei prestigia a verdadeira oralidade, com todos os seus corolários. E o julgamento dos recursos por turma constituída de juízes de primeiro grau, que tão bem tem funcionado nas pequenas causas cíveis, é outro elemento de desburocratização e simplificação.[165]

2.3.2. A ruptura dos Juizados Especiais Criminais: a introdução do diálogo no processo penal

Embora não tão entusiasmados com uma inovação levada a efeito pela via legal, não podemos deixar de concordar com Grinover, Gomes Filho, Fernandes e Gomes, e mencionar que "entre todas essas inovações (trazidas pela Lei 9.099/95), é oportuno dar ênfase especial ao modelo consensual introduzido pela lei e a suas medidas despenalizadoras".[166]

Nessa linha principiológica, importante perceber a ruptura que ocorre com o tradicional sistema processual penal brasileiro: enquanto neste não há espaço para o diálogo, para a composição de danos, para a tentativa de conciliação entre os envolvidos e, também, para uma eventual proposta de acordo por parte do Ministério Público, os Juizados Especiais Criminais introduziram no Brasil todas essas possibilidades, contrapondo-se à lógica moderna do processo penal tradicional e desvelando o seu discurso legitimante da civilização *versus* barbárie.[167]

---

[164] Art. 5º, inciso LXXVIII da Constituição da República: "a todos, no âmbito judicial e administrativo, são assegurados a razoável duração do processo e os meios que garantam a *celeridade* de sua tramitação". (grifo nosso)
[165] GRINOVER *et alii*. *Juizados Especiais...*, p. 36.
[166] Idem, ibidem.
[167] Acerca do processo penal como solução de conflitos civilizada em contraponto à solução presente entre os bárbaros, conferir WUNDERLICH, Alexandre. *Sociedade de Consumo e Globalização: abordando a teoria garantista na barbárie. (Re)afirmação dos direitos humanos.*

Para Giacomolli,

> (...) a Lei 9.099/95 conceituou as infrações de menor potencial ofensivo, delimitando o consenso na esfera do processo penal, introduzindo a possibilidade de transacionar, inclusive, sobre a continuação ou não do processo, ademais de outorgar efeitos impeditivos da dedução de uma pretensão penal ao acordo civil.[168]

Ainda conforme o autor,

> (...) todos os mecanismos de consenso criminais foram introduzidos na legislação penal brasileira pela Constituição de 1988, e pelo legislador ordinário de 1995. Até então, não se admitia qualquer espécie de solução consensuada no processo penal, seja de natureza civil, criminal ou processual, pois regia o princípio da legalidade em sua pureza.[169]

Enquanto o processo penal tradicional expurga a vítima do enfrentamento da situação conflitual, os Juizados trazem-na para a mesa, possibilitando um local de fala a quem nunca foi ouvido. A introdução desse mecanismo viabilizador do consenso dentro do processo representa não só uma ruptura com o antigo sistema, mas um avanço no sentido de reconhecer a falácia de um local privilegiado de exposição do poder que nunca quis saber quem de fato estava do outro lado. Até a edição da Lei 9.099/95, registre-se, "não havia a possibilidade de reparação civil dos danos sofridos pela vítima no próprio processo penal, ficando relegada ao papel de mera informante na justiça penal".[170]

Não se faz aqui um elogio à presença da vítima no processo penal: sabe-se que não é com a sua simples presença que os problemas estarão resolvidos.[171] Trata-se, antes disso, de reconhecer que a possibilidade de acordo entre acusado e vítima é viabilizado *antes* que se possa iniciar o processo penal, de forma que *ainda não há processo* neste momento – e isso, pode-se dizer, mantém a estrutura processual penal tradicional de não prever uma participação mais ativa da vítima.[172]

---

[168] GIACOMOLLI, Nereu José. *Legalidade, Oportunidade...*, p. 308.
[169] Idem, ibidem, p. 312.
[170] AZEVEDO, Rodrigo Ghiringhelli. *Conciliar ou Punir?...*, p. 69.
[171] Para tanto, basta ler o trabalho de Alexandre WUNDERLICH, intitulado *A Vítima no Processo Penal (impressões sobre o fracasso da Lei nº 9.099/95)*.
[172] Conhecemos a posição de Maria Lúcia Karam, para quem "a proposta da chamada 'transação', nos moldes das regras do art. 76 da Lei 9.099/95, não se dá, como muitos entendem, em 'um estágio anterior e obrigatório à instauração do processo'. Tampouco a pena não privativa de liberdade, aplicada por meio do ato do juiz que homologa a anuência do imprópria e precipitadamente denominado 'autor da in-

O retorno da vítima ao processo penal pode significar um retrocesso, um retorno à vingança privada (conforme leitura liberal-iluminista) – mas pode, também, ser lido como um reconhecimento à existência da vítima, uma transformação da vítima-objeto em vítima-sujeito, outorgando-a um local de fala e possibilitando que o processo penal sequer venha a ser iniciado se houver composição entre os envolvidos.

Conforme Prado e Grandinetti de Carvalho, a reparação do dano "não é somente compor pecuniariamente prejuízos. É, antes de tudo, pacificar os conflitos de interesses. Esse parece ser o melhor sentido para a expressão reparação de danos".[173]

Resta-nos averiguar as demais formas de solução de conflitos que, em um primeiro momento, parecem emergir justamente da implantação dos JECrim, a dizer, a Justiça Terapêutica, a Restaurativa e, também, a Instantânea.

2.4. A justiça terapêutica

Conforme consta do Projeto Justiça Terapêutica, trata-se de "um projeto originalmente concebido pelo Ministério Público do Estado do Rio Grande do Sul, visando à atenção ao usuário de drogas infrator".[174] Ainda de acordo com o referido projeto, "a partir de 2000, o programa foi encampado pela Corregedoria-Geral da Justiça, que lhe ampliou a abrangência, estendendo-o a áreas como o Direito de Família e a Justiça de Infância e Juventude e vem procedendo à sua implementação nas comarcas do interior do Estado".[175]

A Justiça Terapêutica

(...) pode ser compreendida como um conjunto de medidas que visam aumentar a possibilidade de que infratores usuários e dependentes de drogas entrem e per-

---

fração', constitui uma 'alternativa pré-processual' ou uma 'forma extraprocessual de solução de conflitos'". (In: *Juizados Especiais Criminais: a concretização antecipada do poder de punir*, p. 88). No entanto, discordamos da autora, por motivos que serão expostos ao longo do trabalho.

[173] In *Lei dos Juizados...*, p. 37.

[174] *Projeto Justiça Terapêutica*, p. 1. Disponível em www.mp.rs.gov.br. Acesso em 20 de setembro de 2005.

[175] *Projeto Justiça Terapêutica*, p. 1.

maneçam em tratamento, modificando seus anteriores comportamentos delituosos para comportamentos socialmente adequados.[176]

A Justiça Terapêutica teve sua origem no Estatuto da Criança e do Adolescente (Lei n° 8.069/90), mais precisamente no artigo 98, inciso III, que em razão da conduta de uma criança ou de um adolescente, será aplicada uma medida de proteção. "Esse é o primeiro instrumento de operacionalização da Justiça Terapêutica", segundo Luiz Achylles Petiz Bardou.[177]

Segue o autor dizendo que

> (...) na seqüência dispositiva, encontramos o artigo 101, que prevê, especificamente, as medidas de proteção ajustadas às previsibilidades do artigo 98, onde constatamos, pela leitura dos incisos V e VI, a possibilidade da autoridade competente, o Juiz, no caso, intervir para o tratamento médico ou conduzir crianças ou adolescentes para programas de orientação a alcoólatras e dependentes químicos.[178]

Já para os penalmente responsáveis, a viabilidade de aplicação do projeto veio a ser possível a partir a implantação dos Juizados Especiais Criminais (Lei n° 9.099 de 1995), visando dar atenção integral também aos infratores envolvidos com drogas maiores de 18 anos. "Começamos, assim, a trabalhar a filosofia do Estatuto da Criança e do Adolescente nas Promotorias e Varas Criminais como forma de enfrentamento ao problema dos adultos no binômio drogas/crime".[179]

A Justiça Terapêutica foi pensada levando-se em consideração a falência do sistema tradicional (prisão) para lidar com os viciados em drogas, priorizando a recuperação do infrator e a reparação dos danos à vítima. "É um instrumento judicial para evitar a imposição de penas privativas de liberdade ou até mesmo penas de multa – que, no caso, podem se mostrar ineficientes –, deslocando o foco da punição pura e simples para a recuperação biopsicossocial do agente".[180]

Conforme Arnaldo Fonseca de Albuquerque Maranhão Neto,

---

[176] In *Justiça Terapêutica: um instrumento para a justiça social*. Disponível em www.anjt.org.,br/index.php?id=1. Acesso em 28 de junho de 2006.

[177] BARDOU, Luiz Achylles Petiz. *Justiça Terapêutica: origem, abrangência territorial e avaliação*, p. 1. Disponível em www.anjt.org.br/index.php?id=99&n=89. Acesso em 28 de junho de 2006.

[178] BARDOU, Luiz Achylles Petiz. *Justiça Terapêutica...*, p. 1.

[179] Idem, p. 2.

[180] Idem, ibidem.

(...) a adoção desse sistema nos demonstra uma certa preocupação com a sociedade, com a dignidade da pessoa humana, fazendo com que profissionais da área jurídica e da área da saúde trabalhem juntos, com o mesmo objetivo comum: o de aplicar o Direito não só para fazer valer a Justiça, mas na melhor perspectiva de também exercer a cidadania.[181]

Esta atuação integrada, através de uma equipe interdisciplinar, atenderia ao que Bardou chamou de "integração operacional",[182] em observação ao disposto no artigo 88, inciso V do ECA.

Refere Ricardo de Oliveira e Silva que "a idéia base da Justiça Terapêutica é retirar o acusado em delitos envolvendo drogas, do sistema de encarceramento e colocá-lo no sistema de tratamento",[183] tornando possível a almejada redução do encarceramento de pessoas envolvidas com drogas. O mesmo autor menciona que a legislação brasileira permite, "desde logo, sem embargo de edição de legislação especial sobre a matéria, a adoção do sistema de imposição de tratamento aos envolvidos com delitos que têm a droga como fator intercorrente".[184]

Assevera o autor que a primeira hipótese legal de aplicação da JT está no Código Penal, no capítulo referente às penas restritivas de direitos, mais especificamente a limitação de fim de semana – quando o apenado, aos sábados e domingos, deverá permanecer, por pelo menos cinco horas diárias em casa de albergado, onde poderão ser ministrados cursos e palestras educativas.

A segunda possibilidade de aplicação encontra-se na suspensão condicional da pena, quando preenchidos os requisitos para tanto – desde que o crime cometido tenha sido praticado por algum tipo de envolvimento com drogas e, na sentença, tenha o magistrado especificado a "obrigatoriedade do agente se submeter a tratamento, sujeito a fiscalização judicial".[185]

Já a terceira hipótese de aplicação da JT seria através do sistema dos Juizados Especiais Criminais, quando nos crimes de menor

---

[181] MARANHÃO NETO, Arnaldo Fonseca de Albuquerque. *Estudos sobre a Justiça Terapêutica*, p. 22.
[182] BARDOU, Luiz Achylles Petiz. *Justiça Terapêutica: origem, abrangência territorial e avaliação*, p. 2.
[183] SILVA, Ricardo de Oliveira. *Justiça Terapêutica: um programa judicial de atenção ao infrator usuário e ao dependente químico*, p. 10. Disponível em http://www.anjt.org.Br/index.php?id=99%n=86. Acesso em 28 de junho de 2006.
[184] SILVA, Ricardo de Oliveira. *Justiça Terapêutica...*, p. 10.
[185] Idem, p. 11.

potencial ofensivo e não sendo caso de arquivamento, o Ministério Público poderá propor a aplicação imediata de pena restritiva de direitos ou multa[186] (transação penal).

A quarta possibilidade também está assentada na Lei n° 9.099 de 1995, mas dessa vez quando se tratar da possibilidade de oferecimento de proposta de suspensão condicional do processo pelo Ministério Público, no momento do oferecimento da denúncia. Todavia, reza o artigo 76 da referida lei que "o juiz poderá especificar outras condições a que fica subordinada a suspensão, desde que adequadas ao fato e à situação pessoal do acusado". Entende Oliveira e Silva que esta cláusula da lei

> (...) autoriza o juiz do processo a estabelecer outras condições a que fica subordinada a suspensão. E é razoável a interpretação de que uma dessas outras condições possa ser a obrigatoriedade de o acusado se submeter a tratamento contra as drogas, exatamente dentro do conceito filosófico da Justiça Terapêutica.[187]

Por fim, a quinta e mais expressa possibilidade de aplicação da Justiça Terapêutica está inserida no Estatuto da Criança e do Adolescente, conforme referido acima.

Oliveira e Silva termina sua exposição das hipóteses legais de aplicação da JT dizendo que

> (...) dessa forma, resumidamente pode-se afirmar que, sem embargo da adoção pelo Brasil de legislação específica a regular a submissão de infratores a tratamento compulsório, quando o delito praticado envolver o uso e consumo de substâncias que causem dependência, as boas técnicas de hermenêutica autorizam, desde logo, com base na legislação existente, a adoção do *princípio do tratamento compulsório*.[188] (grifo nosso)

Um dos objetivos da Justiça Terapêutica também seria a pretensão de diminuição da reincidência nos delitos que envolvam o uso de drogas, tanto direta quanto indiretamente. O Projeto Justiça Terapêutica objetiva a prevenção "dessas espécies de infrações, bem como a promoção do bem-estar físico e mental e da segurança dos indivíduos que nelas se envolveram, incentivando políticas de saúde e sensibilizando e conscientizando a sociedade em geral para o direito à cidadania".[189]

---

[186] SILVA, Ricardo de Oliveira. *Justiça Terapêutica...*, p. 10.
[187] Idem, p. 12.
[188] Idem, ibidem.
[189] Idem, ibidem.

Percebe-se que o usuário ou dependente químico seria submetido a uma intervenção terapêutica, com acompanhamento de uma equipe interdisciplinar, restando a dúvida da limitação temporal desse tratamento. Conforme Silva *et alii*, "(...) encerrado o processo, a indicação de continuidade ou não do tratamento, seria realizado pela equipe de saúde".[190] Na hipótese de descumprimento das condições estabelecidas, o processo penal seria novamente instaurado.

2.5. A justiça restaurativa

Quanto à Justiça Restaurativa, trata-se de uma aproximação que pretende enfrentar o fenômeno da criminalidade privilegiando "toda forma de ação, individual ou coletiva, visando corrigir as conseqüências vivenciadas por ocasião de uma infração, a resolução de um conflito ou a reconciliação das partes ligadas a um conflito".[191] Surge, portanto, como alternativa à falência estrutural do modelo tradicional de sistema criminal, tendo como desafio retrabalhar os dogmas da justiça criminal, a fim de restaurar o máximo possível do *status quo* anterior ao delito.

Para Alison Morris, por um lado, trata-se de

> (...) uma reação à perceptível ineficiência e alto custo (humano e financeiro) dos procedimentos da justiça convencional e, por outro, como uma reação ao fracasso desses sistemas convencionais em responsabilizar expressiva ou significativamente os infratores ou em atingir adequadamente as necessidades e interesses das vítimas.[192]

Frontalmente associada, em seu início, ao movimento de descriminalização, Mylène Jaccould refere que a Justiça Restaurativa deu

> (...) passagem ao desdobramento de numerosas experiências-piloto do sistema penal a partir da metade dos anos setenta (fase experimental), experiências que se institucionalizaram nos anos oitenta (fase de institucionalização) pela adoção de medidas legislativas específicas. A partir dos anos 90, a justiça restaurativa

---

[190] SILVA et alii, *Justiça Terapêutica*, p. 04.
[191] JACCOULD, Mylène. *Princípios, Tendências e Procedimentos que Cercam a Justiça Restaurativa*, p. 6.
[192] MORRIS, Alison. *Criticando os Críticos: uma breve resposta aos críticos da justiça restaurativa*, p. 3.

conhece uma fase de expansão e se vê inserida em todas as etapas do processo penal.[193]

Seus objetivos seriam "restituir à vítima a segurança, o auto-respeito, a dignidade e, mais importante, o senso de controle", e atribuir "(...) aos infratores a responsabilidade por seu crime e respectivas conseqüências; restaurar o sentimento de que eles podem corrigir aquilo que fizeram e restaurar a crença de que o processo e seus resultados foram leais e justos".[194] Para L. Lynette Parker,

> (...) os valores da justiça restaurativa – encontro, inclusão, reparações e reintegração – enfatizam a restauração dos prejuízos causados pelo crime, levando a pessoa a assumir a responsabilidade por suas próprias ações e trabalhando para criar um futuro mais positivo para a vítima e o infrator.[195]

Para Howard Zehr,

> O primeiro passo na justiça restaurativa é atender às necessidades imediatas, especialmente as da vítima. Depois disso a justiça restaurativa deveria buscar identificar necessidades e obrigações mais amplas. Para tanto o processo deverá, na medida do possível, colocar o poder e a responsabilidade nas mãos dos diretamente envolvidos: a vítima e o ofensor. Deve haver espaço também para o envolvimento da comunidade. Em segundo lugar, ela deve tratar do relacionamento vítima-ofensor facilitando sua interação e a troca de informações sobre o acontecido, sobre cada um dos envolvidos e sobre suas necessidades. Em terceiro lugar, ela deve se concentrar na resolução dos problemas, tratando não apenas das necessidades presentes, mas das intenções futuras.[196]

Conforme Jaccould, as diferenças entre o direito penal e o direito restaurador residem no fato de (a) o primeiro centrar seu apoio na infração cometida, enquanto o segundo adota como referência os erros causados pela infração; este (b) concede à vítima um local central e, aquele, relega-a a um lugar secundário; (c) o direito restaurativo encontra seus objetivos a partir da satisfação vivenciada pelos principais envolvidos pela infração, enquanto o direito penal está centrado na noção de *justa pena* aos culpados, dentre outras diferenças.[197]

A Justiça Restaurativa pretende, ainda, apoiar-se "no princípio de uma redefinição do crime. O crime não é mais concebido como

---

[193] JACCOULD, Mylène. *Princípios, Tendências...*, p. 4.
[194] MORRIS, Alison. *Criticando os Críticos...*, p. 3.
[195] PARKER, L. Lynette. *Justiça Restaurativa: um veículo para a reforma?*, p. 2.
[196] ZEHR, Howard. *Trocando as Lentes: um novo foco sobre o crime e a justiça*, p. 192.
[197] JACCOULD, Mylène. *Princípios, Tendências...*, p. 4.

uma violação contra o estado ou como uma transgressão a uma norma jurídica, mas como um evento causador de prejuízos e conseqüências",[198] focando a atenção na possível solução do problema através do diálogo entre as partes (direta ou indiretamente envolvidas: agressor, vítima, amigos, parentes, pessoas importantes para as partes, etc.). A infração, então, deixa de ser um mero tipo penal violado e passa a ser vista como advinda de um contexto bem mais amplo, de origens obscuras e complexas, e não de uma mera relação de causa e efeito.

Morris enfatiza esse mesmo aspecto, salientando que "os sistemas de justiça convencional vêem o crime principalmente (muitas vezes exclusivamente) como uma violação dos interesses do Estado – e as respostas a tal transgressão são formuladas por profissionais representando o Estado",[199] excluindo, portanto, a vítima da relação processual pós-transgressão e relegando-a a segundo plano.

Consoante assevera Marcos Rolim, "os procedimentos da Justiça Restaurativa exigem que as partes exponham com toda a franqueza seus sentimentos, suas angústias, seus temores e que tornem mais claro quais são as suas expectativas".[200] Serão chamadas para que exponham seus pontos de vista, suas versões do acontecido, e será oportunizado um momento para que cada um dos envolvidos se manifeste, mesmo que não tenha estado presente no momento da infração. No entanto, as partes não poderão ser obrigadas a participar desse procedimento: deverão fazê-lo de forma voluntária, sob pena de haver prejuízo latente para que se atinjam os resultados pretendidos.[201] O modelo restaurativo "pressupõe a concordância de ambas as partes (réu e vítima), concordância essa que pode ser revogada unilateralmente, sendo que os acordos devem ser razoáveis e as obrigações propostas devem atender ao princípio da proporcionalidade".[202]

De acordo com André Gomma de Azevedo, a Justiça Restaurativa introduz uma nova tendência sistêmica, onde "as partes envolvidas em determinado crime (e. g. vítima e ofensor) conjuntamente decidem a melhor forma de lidar com os desdobramentos

---

[198] JACCOULD, Mylène. *Princípios, Tendências...*, p. 7.
[199] MORRIS, Alison. *Criticando os Críticos...*, p. 3.
[200] ROLIM, Marcos. *Justiça Restaurativa: para além da punição*, p. 25.
[201] Idem, ibidem.
[202] GOMES PINTO, Renato Sócrates. *Justiça Restaurativa é Possível no Brasil?*, p. 4.

da ofensa e suas implicações futuras",[203] enfatizando-se a busca da reafirmação da "responsabilidade de ofensores por seus atos ao se permitirem encontros entre estes e suas vítimas e a comunidade na qual estão inseridos".[204] Oferecer "genuínas oportunidades de total e direto envolvimento das partes nos procedimentos judiciais", de forma absolutamente diversa dos modos convencionais de justiça criminal, é o que defende Pedro Scuro Neto, para quem a inclusão das partes no desenvolver do enfrentamento do problema é característica fundamental do modelo restaurativo.[205]

Renato Sócrates Gomes Pinto chama a atenção para uma possível *democracia participativa* na Justiça Criminal, que poderia ser realizada a partir de práticas restauradoras, "uma vez que a vítima, o infrator e a comunidade se apropriam de significativa parte do processo decisório, na busca compartilhada de cura e transformação, mediante uma recontextualização construtiva do conflito, numa vivência restauradora".[206] O processo ultrapassaria a superficialidade e buscaria o aprofundamento "no conflito, enfatizando as subjetividades envolvidas, superando o modelo retributivo".[207]

Para Jaccould, "a justiça restaurativa abrange uma tal pluralidade de objetivos que não é mais possível inserir isto em um modelo de justiça específico", e cita uma famosa definição de Robert B. Cormier, que já estaria defasada:

> A justiça restaurativa é uma aproximação de justiça centrada na correção dos erros causados pelo crime, mantendo o infrator responsável pelos seus atos, dando diretamente às partes envolvidas em um crime – vítima(s), infrator e coletividade – a oportunidade de determinar suas respectivas necessidades e então responder em seguida pelo cometimento de um crime e de, juntos, encontrarem uma solução que permita a correção e a reintegração, que previna toda e qualquer posterior reincidência.[208]

---

[203] AZEVEDO, André Gomma. *O Componente Mediação Vítima-Ofensor na Justiça Restaurativa: uma breve apresentação de uma inovação epistemológica na autocomposição penal*, p. 1. Apud ASHFORD, Andrew. *Responsabilities, Rights and Restorative Justice*, p. 578.
[204] AZEVEDO, André Gomma. *O Componente Mediação...*, p. 2.
[205] SCURO NETO, Pedro. *Chances e Entraves para a Justiça Restaurativa na América Latina*, p. 5.
[206] GOMES PINTO, Renato Sócrates. *Justiça Restaurativa...*, p. 3.
[207] Idem, ibidem.
[208] A definição exposta pode ser encontrada em CORMIER, Robert B. *La justice réparatrice : orientations et principes – évolution au Canada* (Ministère du Solliciteur général du Canada, Sécurité publique et Protection civile, Travaux publics et Services

No mesmo sentido, Gomes Pinto refere que, por se tratar de um novo paradigma, "o conceito de Justiça Restaurativa ainda é algo inconcluso", não podendo ser mensurado senão como um movimento ainda emergente.[209] Porém, apesar de se constituir, de fato, em um paradigma emergente, pode-se dizer que já há "um crescente consenso internacional a respeito de seus princípios, inclusive oficial, em documentos da ONU e da União Européia, validando e recomendando a *Justiça Restaurativa* para todos os países".[210]

Na Resolução nº 2000/12, de 24 de julho de 2000, do Conselho Econômico e Social das Nações Unidas, a Organização das Nações Unidas divulga os "Princípios Básicos para a Utilização de Programas de Justiça Restaurativa em Matéria Criminal". Instituiu-se, a partir da referida Resolução, que:

> (1) *Programa de Justiça Restaurativa* significa qualquer programa que use processos restaurativos e objetive atingir resultados restaurativos; (2) *Processo Restaurativo* significa qualquer processo no qual a vítima e o ofensor, e, quando apropriado, quaisquer outros indivíduos ou membros da comunidade afetados por um crime, participam ativamente na resolução das questões oriundas do crime, geralmente com a ajuda de um facilitador. Os processos restaurativos podem incluir a mediação, a conciliação, a reunião familiar ou comunitária (*conferencing*) e círculos decisórios (*sentencing circles*); (3) *Resultado Restaurativo* significa um acordo construído no processo restaurativo. Resultados restaurativos incluem respostas e programas tais como reparação, restituição e serviço comunitário, objetivando atender as necessidades individuais e coletivas e responsabilidades das partes, bem assim promover a reintegração da vítima e do ofensor; (4) *Partes* significa a vítima, o ofensor e quaisquer outros indivíduos ou membros da comunidade afetados por um crime que podem estar envolvidos em um processo restaurativo; (5) *Facilitador* significa uma pessoa cujo papel é facilitar, de maneira justa e imparcial, a participação das pessoas afetadas e envolvidas num processo restaurativo.[211]

A prática restauradora deve ser marcada, portanto, pela voluntariedade na participação e pelo consenso por parte da vítima e do ofensor quanto aos fatos essenciais relativos à infração e, ainda, pela assunção da responsabilidade por parte do infrator, conforme

---

gouvernementaux Canada). Disponível em: http://www.psepc-sppcc.gc.ca/publications/corrections/200202_f.asp. *Apud* JACCOULD, Myllène. *Princípios, Tendências...*, p. 169.

[209] GOMES PINTO, Renato Sócrates. *Justiça Restaurativa...*, p. 3.

[210] Idem, p. 5.

[211] Disponível em http://www.restorativejustice.org/rj3/rjUNintro2.html. Acesso em 15 de setembro de 2006.

entendimento de Renato Campos de Vitto.[212] Para o autor, deve ainda "haver indícios que sustentem o recebimento de uma acusação formal para que possa ela ser iniciada",[213] de forma a não excluir da Justiça Restaurativa os direitos e garantias individuais do suposto infrator.

Reunindo os interessados em local neutro, o procedimento deve se desenvolver, "basicamente, em duas etapas: uma na qual são ouvidas as partes acerca dos fatos ocorridos, suas causas e conseqüências, e outra na qual as partes devem apresentar, discutir e acordar um plano de restauração".[214] No entanto, é fundamental que sejam asseguradas às partes as informações necessárias sobre as etapas do procedimento e as consequências de suas decisões, sem excluir a garantia de suas seguranças física e emocional; o sigilo de todas as discussões levadas a efeito durante a prática restauradora; e a redação do eventual acordo em termos claros e precisos, devendo o mesmo ser razoável, proporcional e líquido, com a previsão das formas para se garantir seu cumprimento e a fiscalização das condições nele instituídas.[215]

Para Chris Marshall, um encontro pode ser considerado restaurativo se: (a) for guiado por facilitadores competentes e imparciais; (b) esforçar-se para ser inclusivo e colaborativo; (c) contar com a participação voluntária das partes; (d) fomentar um ambiente de confidencialidade; (e) reconhecer convenções culturais; (f) enfocar necessidades; (g) demonstrar respeito autêntico por todas as partes; (h) validar a experiência da vítima; (i) esclarecer e confirmar as obrigações do infrator; (j) visar aos resultados transformativos; (k) observar as limitações de processos restaurativos.[216] A ausência de um desses valores pode tornar o processo restaurativo obsoleto e inútil.

A preocupação com as partes, por sua vez, não se limita ao período da prática restaurativa: também é necessário um acompanhamento após o encontro, para que se monitore o acordo e avalie o seu cumprimento.[217]

---

[212] VITTO, Renato Campos de. *Justiça Criminal, Justiça Restaurativa e Direitos Humanos*, p. 4.
[213] Idem, ibidem.
[214] Idem, p. 5.
[215] Idem, ibidem.
[216] MARSHALL, Chris. *Como a Justiça Restaurativa Assegura a Boa Prática: uma abordagem baseada em valores*, p. 6-9.
[217] VITTO, Renato Campos de. *Justiça Criminal...*, p. 5.

Porém, e no mesmo sentido exposto acima, salienta ainda Vitto que não é possível

(...) avançar além do estabelecimento das linhas mestras do modelo, por duas razões: o sistema caracteriza-se por uma considerável diversidade, contemplando a realização de círculos, painéis e conferências restaurativas, entre outros métodos; o procedimento é profundamente marcado pela flexibilidade, já que este que deve ajustar-se à realidade das partes, e não forçá-las a adaptarem-se aos ditames rígidos, formais e complexos, caracterizadores do sistema tradicional de justiça.[218]

Concordamos com Leonardo Sica, quando afirma que "a justiça restaurativa é uma prática ou, mais precisamente, um conjunto de práticas em busca de uma teoria".[219] Raffaella Pallamolla acentua que "não existe uma única resposta para a pergunta 'o que significa justiça restaurativa', e sim várias respostas".[220] Dessa forma, apesar da diversidade de abordagens e concepções, importa verificar se há possíveis benefícios em uma hipotética expansão da justiça restaurativa ou, pelo contrário, se a mesma não vai se tornar, a exemplo dos Juizados Especiais Criminais, em mais um modelo de ampliação do poder punitivo.[221]

2.6. A justiça instantânea

Criado pela Resolução nº 171/1996 do Conselho da Magistratura do Rio Grande do Sul para concretizar o que prevê o art. 88, inc. V, do ECA,[222] o Projeto Justiça Instantânea (JIN), anteriormente situado no prédio administrativo da Fundação de Atendimento Sócio-Educativo do Rio Grande do Sul (FASERGS), hoje localizado no Centro Integrado de Atendimento à Criança e ao Adolescente, ini-

---

[218] VITTO, Renato Campos de. *Justiça Criminal...*, p. 4.

[219] SICA, Leonardo. *Justiça Restaurativa e Mediação Penal: o novo modelo de justiça criminal e de gestão do crime*, p. 10.

[220] PALLAMOLLA, Raffaella. *A Justiça Restaurativa da Teoria à Prática – relações com o sistema de justiça criminal e implementação no Brasil*, p. 38.

[221] A respeito desse fenômeno, conferir WUNDERLICH, Alexandre. *A Vítima no Processo Penal: impressões sobre o fracasso da Lei 9.099/95*.

[222] "ECA. Art. 88: São diretrizes da política de atendimento: (...) V – integração operacional de órgãos do Judiciário, Ministério Público, Defensoria, Segurança Pública e Assistência Social, preferencialmente em um mesmo local, para efeito de agilização do atendimento inicial a adolescente a quem se atribua autoria de ato infracional".

ciou suas atividades em 8 de maio de 1996, pretendendo dar maior rapidez aos trâmites processuais envolvendo adolescentes acusados de atos infracionais.

Lá estão reunidos Poder Judiciário, Defensoria Pública, Ministério Público e a Secretaria de Justiça e Segurança, através de duas Delegacias de Polícia, de forma a propiciar um "pronto-atendimento" – em "tempo real" ou "instantâneo" – a tais ocorrências.

2.6.1. Procedimento

Inicialmente levados à Delegacia Estadual da Criança e do Adolescente (DECA), a(s) vítima(s) narra(m) o fato ao delegado que, a seguir, ouve o adolescente acusado. Verificada a real hipótese de ocorrência de delito, o adolescente é enviado ao Ministério Público. Este, por sua vez, ouve o adolescente novamente e decide pela proposta ou não de remissão,[223] nos termos do art. 127 do ECA: caso decida pela remissão, cumulada ou não com aplicação de medida socioeducativa, é assinado um termo, e o adolescente, após a homologação judicial, é liberado; caso se decida pela representação, o adolescente é encaminhado ao Poder Judiciário, que dispõe de um magistrado no local, de forma a ser realizada a primeira audiência lá mesmo. Pode o Ministério Público, ainda, requerer a internação provisória do adolescente, o que também será apreciado pelo juiz plantonista. "Ali, de regra, são imediatamente solucionados, com sentença".[224]

2.6.2. Justificativas

Com o intuito de propiciar uma resposta imediata aos adolescentes acusados da prática de atos infracionais, a Justiça Instantânea está alicerçada no art. 88, inciso V, do Estatuto da Criança e do Adolescente, como mencionado acima, sendo diretriz da política de atendimento ao adolescente acusado de ato infracional a operação integrada do Poder Judiciário, do Ministério Público, da Defensoria Pública, da Segurança Pública e da Assistência Social, preferencial-

---

[223] A remissão do ECA originou a transação penal da Lei 9.099/95, sendo esta semelhante em praticamente todos os aspectos àquela.
[224] SARAIVA, João Batista Costa. *A Idade e as Razões: não ao rebaixamento da imputabilidade penal*, p. 101.

mente em um mesmo local, de forma a se realizar o atendimento inicial de "maneira ágil".

Com essa base legal, criou-se o Projeto Justiça Instantânea. E, após alguns anos de sua implantação, uma rotina de procedimentos manteve-se e, pelo que se pôde observar, será mantida por longo tempo (se é que algum dia poderá ser modificada).

José Antônio Daltoé Cezar, juiz da infância e da juventude em Porto Alegre, redigiu texto em que explicita os objetivos, os procedimentos e mais alguns dados acerca da Justiça Instantânea.[225]

Com essa base, depreende-se que o projeto,

(...) que busca uma justiça ágil e eficiente, colocando os reais interesses dos adolescentes acima de dogmas forenses, como o de que sua proteção só poderá ocorrer através do processo formal de conhecimento, seria de pronto extinto em razão da pouca ou nenhuma serventia para o sistema de Infância e da Juventude.[226]

O magistrado segue a exposição das suas ideias, referindo que

(...) a idéia defendida por alguns, embora respeitável, de que a concessão de remissão e a aplicação de medida socioeducativa pode apenas suspender o processo de conhecimento e que o seu não-cumprimento não autoriza, em hipótese alguma, a regressão para internamento prevista no art. 122 do Estatuto da Criança e do Adolescente, salvo melhor juízo, desconsidera não apenas o *objetivo maior dessa legislação*, que visa a *proteção e a recuperação do infrator*, que ocorre também quando *a ele se impõem limites que ainda não conseguiu internalizar*, sobrepondo a elas *vetusto entendimento de que proteção se dá apenas por instrumentos formais, tal como ocorre no Processo Penal, que em regra servem mais para estender no tempo o julgamento do processo, sem qualquer intento de reeducar o infrator.*[227]

Caso fosse majoritária a conclusão de que a remissão apenas suspende o processo de conhecimento, a Justiça Instantânea perderia

(...) *sua razão de existir*, pois injustificável seria que o Poder Judiciário, nos dias atuais, carente de recursos humanos em seus quadros, designasse com exclusividade Juiz de Direito e servidores para atender imediatamente as ocorrências policiais derivadas de atos infracionais, aplicando as medidas socioeducativas, *e os infratores só as cumprissem quando e como quisessem*, mesmo após aceitá-las, necessitando, para isto, manter em cartório milhares de procedimentos sem

---

[225] O texto encontra-se disponível em http://jij.tj.rs.gov.br/jij_site/jij_site.home.
[226] CEZAR, José Antônio Daltoé. *Projeto Justiça Instantânea*, p. 2.
[227] *Projeto Justiça Instantânea*, p. 3. (grifamos)

andamento, com os custos financeiros e demora na tramitação de processos daí decorrentes, pela mera expectativa de que alguns deles possam ser reabertos.[228]

Quanto à importância do imediatismo na apuração de atos infracionais, Daltoé Cezar elenca sete justificativas, referindo que a atuação imediata do Poder Judiciário colabora ainda na formação do adolescente como ser humano, ensejando: (a) o fim do *mito* da impunidade, já que a medida socioeducativa tem também um caráter sancionatório; (b) uma maior eficácia na reprimenda de adolescentes bem integrados ao meio onde vivem, acusados da prática de infrações de pequena repercussão social, em contraponto à lentidão do processo, que tramitaria por seis ou mais meses e poderia levar o adolescente à estigmatização perante sua família; (c) em atos infracionais de maior repercussão social, quando necessária a internação do adolescente, a transmissão da ideia de que a medida não apenas procura punir o adolescente, mas reeducá-lo, já que receberia a ordem de internamento do próprio magistrado a quem relatou sua versão; (d) a diminuição do número de processos no 1º e no 2º Juizados da Infância e da Juventude do Foro Central de Porto Alegre, bem como diminuição considerável do tempo de instrução e julgamento dos mesmos em que o adolescente acusado está internado, uma vez que a maioria dos procedimentos iniciam e terminam na JIN (em 2003 foram 78,80% dos casos); (e) a praticamente inexistência de serviço cartorial convencional; (f) a inserção das Instituições Públicas na moderna visão de que o serviço prestado deve ser efetivo não apenas formalmente, ocupando o espaço do Estado como detentor do poder de resolver os conflitos sociais; e (g) a possibilidade de ação em tempo de tentar mudar a visão do adolescente acerca das relações sociais e como elas se resolvem, afastando da Justiça Criminal muitos casos que certamente a ela seriam apresentados no futuro.[229]

Por fim, conclui o magistrado que

> (...) a ação desenvolvida, fruto da iniciativa e despreendimento de poucas pessoas, que não hesitaram em contestar conceitos antigos, como os de que se protege os direitos dos adolescentes, primeiro através da forma, consubstanciada no processo contraditório convencional, e só depois pela *imposição* de medidas socioeducativas, esta própria do processo penal, procurando, ao contrário, com a *transação*, tempo infinitamente inferior, com a redução de todos os custos passíveis

---

[228] *Projeto Justiça Instantânea*, p. 3.
[229] Idem, p. 3-4.

de aferição, e também com aumento de eficiência, merece o reconhecimento de todos, e, exatamente por não ser um projeto fechado, está constantemente sendo aperfeiçoado, sempre com o intuito de reconhecer o calor humano presente em todas as pessoas e viabilizar, para aqueles que transgredirem as regras para uma boa convivência, a possibilidade e o interesse na mudança, e que isto será bom não só para ele, mas para todo o conjunto.[230]

2.7. Os novos modelos de administração da justiça criminal: semelhanças e diferenças

Inicialmente, cumpre notar que as três novas formas de justiça criminal analisadas acima (Justiças Terapêutica, Restaurativa e Instantânea) apresentam semelhanças e diferenças. Enquanto umas aparentam seguir a mesma linha do tradicional processo penal, outra revela-se bastante distante daquele sistema. Cada uma apresenta as suas características próprias e, por mais que se negue, tentam sempre oferecer uma alternativa à resposta comum do sistema criminal, a pena privativa de liberdade, através de outros caminhos legais.

2.7.1. Semelhanças

Em primeiro lugar, importa salientar que tanto a Justiça Terapêutica quanto a Justiça Instantânea são aplicadas levando-se em consideração os mesmos aspectos do tradicional sistema de justiça criminal: buscam imunizar o culpado, seja através de um tratamento (terapia), seja através da aplicação de uma medida socioeducativa.

Aparentemente, esses dois modelos de justiça penal não conseguem se desvencilhar da mesma forma de *esclarecimento* que encontramos no processo penal comum. Suas características próprias não nos autorizam a pensar que representam, de fato, alternativas concretas ao processo penal atualmente em vigor no Brasil.

Outro ponto importante a salientar é que toda nova tentativa de oferecer alternativas ao sistema de justiça criminal tradicional é, via de regra, experimentado na esfera do direito da infância e da juventude. Ora por considerações dogmáticas – o Estatuto da Criança e do Adolescente (ECA) não possui natureza penal, conforme en-

---
[230] *Projeto Justiça Instantânea*, p. 6.

tende parte da doutrina e da jurisprudência sobre o tema[231] – ora por se acreditar que "a justiça da infância e da juventude representa um campo de ação estratégica na prevenção do alastramento da violência e da criminalidade" e, ainda, por se acreditar que "essa área da justiça é vista pelo projeto como um espaço estratégico para testagem e implementação de tecnologias restaurativas, que poderão ressignificar a abordagem do crime e atualizar o próprio modelo de justiça, em benefício da sua efetividade".[232] As Justiças Restaurativa e Instantânea, especificamente, são *experimentadas* justamente com os adolescentes na cidade de Porto Alegre.

2.7.2. Diferenças

Nota-se que a Justiça Restaurativa diferencia-se dos demais modelos de justiça criminal por oportunizar à vítima e aos interessados no conflito um local de fala. Notoriamente, a Justiça Terapêutica preocupa-se tão somente com o acusado: pretende impor um tratamento, mesmo que contra a vontade do sujeito, a fim de encerrar um problema criminal. A vítima, nesses casos, sequer existe, uma vez que o bem jurídico tutelado – a saúde pública – não é palatável, não pode ser facilmente percebida.

Já a Justiça Instantânea não só mantém a estrutura tradicional do processo penal como também a potencializa: reduz o tempo de duração do processo e sacrifica o tempo necessário para a maturação da decisão judicial. A vítima, novamente, resta esquecida.

A grande diferença, como se viu, está na Justiça Restaurativa, que oportuniza uma complexificação do conflito, tornando impossível uma resposta meramente jurídica ao problema em pauta.

---

[231] O artigo 198 do ECA ("*Nos procedimentos afetos à Justiça da Infância e da Juventude fica adotado o sistema recursal do Código de Processo Civil [...]*".) prevê a adoção do sistema recursal do Código de Processo Civil aos procedimentos afetos à Justiça da Criança e do Adolescente. Esse artigo acaba sendo determinante no raciocínio de muitos juristas quando refletem acerca da natureza jurídica da medida socioeducativa e, portanto, de todo o Estatuto. Sem considerá-lo de natureza penal, acabam acreditando que, justamente por isso, podem fazer "experiências" e "testagem de produtos" nessa esfera jurisdicional.

[232] BRANCHER, Leoberto. *Justiça, Responsabilidade e Coesão Social: Reflexões sobre a implementação da Justiça Restaurativa na Justiça da Infância e da Juventude em Porto Alegre*, p. 18.

3. As novas formas de administração da justiça criminal: para além do processo penal

3.1. O século XX e o fim das certezas

Acontece que, no direito – mormente nos direitos penal e processual penal –, a arrogância[233] de seus operadores e doutrinadores impede o reconhecimento da falência do atual modelo estrutural de processo penal, baseado e fundado na lógica inquisitorial, absolutamente inconciliável com o que é trazido hoje pelos críticos do modelo científico moderno.

Para Moretto,

> (...) se ainda é possível se falar em "ciência", devemos ter claro que essa, desde o começo do século XX, está abalada. Essa ciência, à qual estávamos acostumados, veio durante os últimos dois séculos sofrendo profundas modificações e rupturas. A procura por regras fixas e deterministas mostrou-se profundamente irreal, ou seja, inoperante no mundo real.[234]

Conforme Ruth Maria Chittó Gauer, ao final do século XIX e "início do XX, várias foram as expressões sobre o horror trazido à humanidade pela ciência e pela técnica baseadas em um suposto império da razão, (...) o qual levaria a humanidade ao paraíso construído na Terra, pela racionalidade científica".[235]

---

[233] "... nas ciências sociais, notadamente nas jurídicas, o homem é arrogante, petulante, audacioso (soberbo) e ao mesmo tempo temerário, ao afirmar que busca a verdade real absoluta no processo penal". (THUMS, Gilberto. *Sistemas Processuais Penais*, p. 186)

[234] MORETTO, Rodrigo. *Crítica Interdisciplinar da Pena de Prisão...*, p. 1.

[235] GAUER, Ruth. *O Reino da Estupidez...*, p. 137.

Desde a chuva de bombas inaugural da Primeira Guerra Mundial, foi possível perceber que a técnica e a ciência não servem somente para a *evolução* da espécie humana, podendo servir, igualmente, para a sua aniquilação.[236] Tal percepção desvelou um mundo sujo, ganancioso, violento, que, antes, se pensava poder ser *corrigido* com a ciência, em princípio somente pensada para *o bem da humanidade*. Mas a máscara caiu: o projeto moderno da *salvação* entrou em crise; não há mais que se pensar no *futuro*, mas no *presente*, viver cada minuto como se fosse o último.[237] Para Edgar Morin, é preciso "ensinar e propagar a má notícia: *não há salvação neste mundo*".[238]

Uma única forma de pensar foi imposta, excluindo as demais apenas por ser esta considerada *científica*, que bastaria por si só, sem necessidade de justificativa e/ou fundamentação. Salo de Carvalho assevera que "a crença na unidade do discurso e na potência dos métodos científicos forjados na modernidade ofusca o olhar do pesquisador, impedindo-o de perceber a dimensão das revoluções e dos desafios (riscos) contemporâneos".[239]

O velho paradigma newtoniano pressupunha um espaço absoluto, universal e estável. "Todas as mudanças verificadas no mundo físico, eram descritas em termos de uma dimensão separada, denominada tempo; essa dimensão, por sua vez, também era absoluta,

---

[236] "É difícil hoje fazermos uma idéia da crise que supôs a Primeira Guerra Mundial para os pensadores europeus. Veio-lhes abaixo um projeto do Iluminismo, esboçado dois séculos antes, que os obrigou a começar pelo zero. O sonho de um mundo organizado a partir da razão deu luz ao nacionalismo, à violência e à guerra. A história, que essa mesma filosofia havia-se erguido no tribunal da razão, levanta-se agora acusadora contra um projeto ilustrado, sentenciando que o fogo da Grande Guerra era o lugar no qual o projeto moderno da Europa se consumava e se consome. Aquilo não era um acidente senão sua realização e, ao realizar-se como guerra, também anunciava seu acabamento. A geração do período entreguerras teve, então, que buscar um novo começo para o pensar: Heidegger, nos pré-socráticos; Rosenzweig, na linguagem; Ortega y Gasset, na vida; Walter Benjamin, na experiência. Essas visões holísticas da filosofia, a que tanto se dedicava essa geração de filósofos, explica-se pela dimensão da catástrofe e, portanto, da frustração. Eles tiveram a missão de despertar para a realidade insinuada no água-forte de Goya. *Os sonhos da razão produzem monstros*". (MATE, Reyes. *Memórias de Auschwitz: atualidade e política*, p. 12).

[237] Sugerimos a leitura de LIPOVETSKY, Gilles. *La era del vacio: ensayos sobre el individualismo contemporâneo*. Barcelona: Anagrama, 1986; e, do mesmo autor, *O império do efêmero: a moda e seu destino nas sociedades modernas*. São Paulo: Companhia das Letras, 1991.

[238] MORIN, Edgar. *Para Sair do Século XX*, p. 276.

[239] CARVALHO, Salo de. *Criminologia e Transdisciplinaridade*, p. 312.

sem qualquer vínculo com o mundo material e fluindo suavemente do passado através do presente e em direção ao futuro".[240] O que ocorre hoje é fruto do que ocorreu ontem e pode dizer o que virá a acontecer amanhã, numa sequência interminável e linear: "A linearidade do tempo apresenta-se como unificadora do tempo histórico".[241]

Conforme Gauer,

> O conceito de tempo no pensamento moderno, o tempo cronológico do calendário cristão, foi utilizado pelo iluminismo europeu como correspondendo a uma noção universal de temporalidade. A universalidade temporal dos acontecimentos sucessivos e irrepetíveis foi consubstanciado pelo racionalismo moderno, cobrindo todo o mundo ocidental.[242]

Nesse sentido, acreditava-se que era possível, ao fazer história, poder "apreender um reflexo exato do passado. (...) Ao olhar para trás, o historiador apreendia os tempos dessas saliências, e o instinto da história era delimitado por esse eixo harmônico inalterável".[243] Ou seja: pensava-se ser possível apreender um determinado "espaço de tempo" do passado no presente e esmiuçá-lo, até que fosse revelada a verdade – autorizada *porque* científica.

Novamente lembrando Capra, percebe-se que "duas descobertas no campo da física, culminando na teoria da relatividade e na teoria quântica, pulverizaram todos os principais conceitos de visão do mundo cartesiano e da mecânica newtoniana".[244]

Primeiramente, nota-se que, a partir do momento em que Einstein, percebendo

> (...) a impossibilidade de o observador estabelecer a ordem temporal dos acontecimentos no espaço – não havendo na natureza velocidade superior à da luz, para medir a velocidade faz-se necessário conhecer a simultaneidade dos acontecimentos –, põe em dúvida o caráter absoluto do tempo e do espaço, ele rompe com a cosmovisão moderna. Einstein demonstra que a simultaneidade dos acontecimentos distantes não pode ser verificada, tão-só definida e, dada a arbitrariedade das medições, a hipótese de contradição dos resultados é forçosamente incorporada. Sob esse aspecto, uma nova concepção de conhecimento afeta a visão do tempo que lhe será associada.[245]

---

[240] CAPRA, Fritjof. *O Tao da Física*, p. 48-49.
[241] GAUER, Ruth. *Falar em Tempo, Viver o Tempo!*, p. 17.
[242] Idem, p. 18.
[243] Idem, ibidem.
[244] CAPRA, Fritjof. *O Ponto de Mutação*, p. 69.
[245] GAUER, Ruth. *O Reino da Estupidez...*, p. 174-175.

Segundo Norbert Elias,

> As correções trazidas por Einstein para o conceito newtoniano de tempo ilustram essa mutabilidade da idéia na era moderna. Einstein mostrou que a representação newtoniana de um tempo único e uniforme, através de toda a extensão do universo físico, não era sustentável.[246]

Ao dizer que é impossível ao "observador estabelecer a ordem temporal dos acontecimentos no espaço (...) – põe em dúvida o caráter absoluto do tempo e do espaço",[247] rompendo incisivamente com a cosmovisão moderna: "o tempo no mundo, ao tornar-se incerto, torna-se, por conseqüência, diferente do tempo das ciências modernas, onde era definido pela possibilidade de definir leis universais e eternas da natureza".[248]

Desde então, pensar o tempo como um fator absoluto, universalmente válido, tornou-se complicado, ocasionando importante ruptura com o modelo cosmológico newtoniano, em que o tempo era o mesmo para todos. "Em outras palavras, a teoria da relatividade sela o fim do conceito de tempo absoluto!",[249] afirma Stephen William Hawking, considerado por muitos o sucessor de Galileu, Newton e Einstein.

A história (e qualquer outra *ciência*) não pode mais ser produzida partindo da ideia de que irá relatar exatamente a "verdade" do que ocorreu naquele espaço-tempo pretérito, sendo forçada a assumir que resgatará apenas um fragmento do fato, a partir dos pontos de vista dos historiadores (e nas demais ciências, têm-se juristas, psicólogos, etc.). Tal consequência revela-se fundamental para o processo penal, quando a "pequena história" do fato-crime em questão não pode mais ser resgatada integralmente, como se fosse um mero objeto à espera de seus sujeitos.

Não podemos deixar de mencionar, ainda, o que foi percebido por Werner Heisenberg, em 1926: o princípio da *incerteza*. Conforme Hawking,

> (...) a fim de prever a posição e a velocidade futuras de uma partícula, devemos ser capazes de medir, com precisão, sua posição e velocidade atuais. O procedimento para se obter esta medição é projetar luz sobre a partícula. Algumas on-

---

[246] ELIAS, Norbert. *Sobre o Tempo*, p. 35.
[247] GAUER, Ruth. *Conhecimento e Aceleração (mito, verdade e tempo)*, p. 6.
[248] Idem, ibidem.
[249] HAWKING, Stephen William. *Uma Breve História do Tempo: do big bang aos buracos negros*, p. 44.

das de luz se dispersarão pela partícula indicando sua posição. Entretanto, não seremos capazes de determinar a posição da partícula de maneira mais precisa do que através da distância entre as cristas das ondas de luz, de forma que será preciso usar luz de ondas curtas para se ter um grau razoável de confiabilidade no resultado do experimento. Mas, segundo a hipótese quântica de [Max] Planck, não se pode usar uma quantidade arbitrariamente pequena de luz; temos que usar pelo menos um quantum. Este quantum perturbará a partícula e mudará sua velocidade de forma não previsível. Quanto mais precisamente se medir a posição, mais curto o comprimento de onda de luz necessário para atingir a mais alta energia de um único *quantum*. Assim, a velocidade da partícula será perturbada por uma quantidade maior. Em outras palavras, quanto mais precisamente se tentar medir a posição da partícula, menos precisamente se pode medir sua velocidade, e vice-versa.[250]

Tal princípio coloca principalmente o determinismo – possivelmente a característica mais marcante do cientista moderno – em situação complicada: a partir da impossibilidade de se verificar simultaneamente a posição e a velocidade de uma partícula em um determinado instante, torna-se inviável saber qual será a velocidade ou a posição futura dessa mesma partícula. Em termos mais próximos à realidade, percebe-se que não é possível prever as conseqüências de nossas ações. "O princípio da incerteza teve profundas implicações na forma de percepção do mundo que, mesmo ultrapassados cinqüenta anos, ainda não foram completamente examinadas pelos filósofos e se mantêm na pauta de muitas controvérsias".[251]

Nesse sentido, não há mais que se falar em previsibilidade de resultados, possibilidade de êxito e/ou derrota, etc.: o que há são probabilidades, e essas não são passíveis de previsibilidade ou determinação. Para Hawking,

(...) o princípio da incerteza assinala o fim do sonho de Laplace de uma teoria da ciência, um modelo de universo completamente determinístico; não se pode certamente prever eventos futuros com precisão, uma vez que também não é possível medir precisamente o estado presente do universo![252]

Essas descobertas e observações não só colocam em xeque toda a estrutura do pensamento moderno como delineiam a urgente necessidade de se repensar o próprio pensamento. A estrutura do pensamento jurídico, nesse contexto – e, dentro da nossa abordagem, a estrutura do processo penal – é colocada sob suspeita. Urge a necessidade de se repensar totalmente o que se pode entender como processo penal.

---

[250] HAWKING, Stephen William. *Uma Breve História do Tempo...*, p. 87.
[251] Idem, ibidem.
[252] Idem, p. 87-88.

No seio das descobertas da física no século XX, como visto acima, foi estruturada a teoria pura kelseniana. Porém, apesar da sua "localização temporal" coincidir com tais descobertas, não foi possível inseri-las na ciência jurídica. A repulsa pelo que é estranho ao *corpus iuris* é tão grande que nem mesmo atualmente tais concepções são pensadas como relevantes para o direito por grande parte (senão pela integralidade) da doutrina.

Como primeiros passos para se pensar em uma nova prática científica, Carvalho aponta "eximir-se da pretensão de busca de verdades definitivas e exortar as unidades totalizantes próprias dos projetos da Modernidade (...)".[253] Agindo de outra maneira, o cientista estaria voltando a incidir no mesmo problema dos modernos: pretender buscar apenas *uma* verdade e *unificar* o método.

A epistemologia da certeza com a qual trabalhamos resta, outrossim, questionável. Daí dizer que a inteligência racionalizadora fragmenta o que se apresenta como complexo e, novamente com Morin, apontamos a *cegueira* desta lógica:

> (...) os desenvolvimentos disciplinares das ciências não só trouxeram as vantagens da divisão do trabalho, mas também os inconvenientes da superespecialização, do confinamento e do despedaçamento do saber. Não só produziram o conhecimento e a elucidação, mas ignorância e a cegueira.[254]

Dilui-se, assim, tudo o que é *subjetivo e criador*.[255]

Já que falamos em cegueira, impossível não pensar na literatura de José Saramago e, com ele, viajar num mundo de cegos: "Pode ser que a humanidade venha a conseguir viver sem olhos, mas não deixará de ser humanidade, o resultado está à vista, qual de nós se considerará ainda tão humano como antes cria ser".[256] Quer dizer, a possibilidade de construção do sentido não se esgota apenas naquilo que é visível *com os olhos*. Há algo inominável que carac-

---
[253] CARVALHO, Salo de. *Criminologia e Transdisciplinaridade*, p. 311.
[254] MORIN, Edgar. *A Cabeça Bem-Feita: repensar a reforma, reformar o pensamento*, p. 15.
[255] Esclarecedor é o que Morin traz em nota de rodapé: "O pensamento que recorta, isola, permite que especialistas e *experts* tenham ótimo desempenho em seus compartimentos, e cooperem eficazmente nos setores não complexos de conhecimento, notadamente, os que concernem ao funcionamento das máquinas artificiais; mas a lógica a que eles obedecem, estende à sociedade e às relações humanas os constrangimentos e os mecanismos inumanos da máquina artificial e sua visão determinista, mecanicista, quantitativa, formalista; e ignora, oculta ou dilui tudo que é subjetivo, afetivo, livre, *criador*". (MORIN, Edgar. *A Cabeça Bem-Feita*, p. 15.)
[256] SARAMAGO, José. *Ensaio Sobre a Cegueira*, p. 244.

teriza também nossa compreensão e que foi relegado pela tradição racionalizante, mas que é permanente e acolhedor da fatalidade, do acaso: "... Dentro de nós há uma coisa que não tem nome, essa coisa é o que somos".[257] É uma *questão de olhar (visage)* que assume a impossibilidade do todo e o caráter perspectivo dos sentidos.

Saramago escreve um texto corrido, sem pontuações e com poucos parágrafos, mas para além de compreender a (des)forma do escritor é importante perceber que a cegueira dos personagens da referida obra é *branca*. Ora, a Razão é iluminada, limpa, asséptica, *pura*. A *pureza*, por sua vez, é *branca*, não pode ser preta: estaria o premiado escritor fazendo uma crítica à cegueira da Razão branca, limpa, asséptica, *pura*?[258]

A redução da complexidade mundana a meras leis matemáticas acaba por apresentar uma simplificação insustentável quando se trata de enfrentar uma ciência social aplicada, como o direito, cujos fenômenos não podem ser descritos através de fórmulas ou símbolos, sob pena de um reducionismo que beira a irracionalidade.[259]

Nesse sentido, pensar o processo penal como meio para se buscar a verdade real de um fato pretérito não só vai de encontro às últimas descobertas das ciências exatas como também evidencia o conservadorismo característico da dogmática atinente ao tema.[260] A insistente natureza *reveladora* do processo penal, legitimada não só pela doutrina como pela jurisprudência, submete os acusados em geral a um procedimento injustificável cientificamente, sustentado apenas pela crença no que se pode chamar de *ilusão moderna*, qual seja, a de que o homem é capaz de reconstruir, através da memória – testemunhal e/ou documental – um fato pretérito e, ainda, formar

---

[257] SARAMAGO, José. *Ensaio Sobre a Cegueira*, p. 262.
[258] Conferir ACHUTTI, Daniel; PANDOLFO, Alexandre Costi. *A Razão Asséptica: elementos para pensar o direito no século XXI*.
[259] "(...) a simplicidade das leis constitui uma simplificação arbitrária da realidade que nos confina a um horizonte mínimo para além do qual outros conhecimentos da natureza, provavelmente mais ricos e com mais interesse humano, ficam por conhecer". (SANTOS, Boaventura de Sousa. *A Crítica da Razão Indolente...*, p. 72.)
[260] "... o homem das ciências naturais a cada dia busca desvendar novos horizontes, eis que se encontra diante de desafios constantes, enquanto o homem das ciências jurídicas ainda não acordou para os 'novos tempos'. O Direito, como ciência social, apesar da necessidade de acompanhar a evolução da sociedade e de seus fenômenos que exigem normatização, não consegue cumprir o seu papel, manifestando exagerado apego ao conservadorismo, refletido nas leis e nas decisões dos tribunais". (THUMS, Gilberto. *Sistemas Processuais Penais*, p. 8)

um juízo de certeza acerca do mesmo, baseado (sempre) no método cartesiano.

3.2. Os limites do processo penal na sociedade contemporânea

O que seria o processo penal senão uma *fórmula redutora de complexidade*, ou aquilo que Salo de Carvalho chama de *método de despedaçamento*?[261]

Senão vejamos: (a) através de um procedimento inquisitorial (inquérito), procura-se apurar as infrações penais e sua autoria; (b) em caso positivo, o inquérito será remetido ao Ministério Público – que (c), por sua vez, reduzirá a termo o que lhe foi informado, denunciando o então investigado, que passará à qualidade de acusado; e, (d) através de um exercício coletivo de **rememorização** (do qual participam as testemunhas, a vítima e o acusado), cada um participando no momento apropriado, preestabelecido pela lei, na tentativa de demonstrar àqueles que não presenciaram o evento (juiz, promotor e advogado) o que, de fato, aconteceu no passado, para que possam se manifestar e participar dentro de suas limitações; para (e), ao final, o juiz, legitimado pelo Poder Público para decidir o entrave, a partir de uma visão geral sobre todas as partes trazidas ao processo, proferir a sua sentença. Neste momento, o juiz irá expor as suas razões fundamentadamente, mostrando que entendeu todas as pequenas partes do processo, decidindo a causa. É a aplicação perfeita do método cartesiano ao procedimento inquisitorial. Ou seja: o que mudou, pode-se dizer, foi tão somente a linguagem e os termos atribuídos aos atos processuais. O procedimento, as justificativas, a finalidade e, principalmente, a crença, continuam as mesmas.

Quanto se fala em rememorização dos eventos, trata-se de evidenciar a função da memória, que é chamada ao processo (penal) para que resgate o que "sobrou" do fato e tente reconstruí-lo no presente. E quanto maior o número de testemunhas, mais fidedigna restará a recomposição do fato (e mais tranquilo ficará o julgador ao sentenciar).

---
[261] In *Criminologia e Transdisciplinaridade*, p. 311.

Nesse sentido, resgata-se a noção de espaço e tempo absolutos: acreditando ser possível abarcar perfeitamente um fragmento do passado (que circunscreve o delito), o juiz procura descobrir o que aconteceu, quem foi o autor do crime e qual foi o dano produzido, através do questionamento às testemunhas (e, às vezes, à própria vítima), exatamente como ocorria no inquérito relatado por Foucault.

Não é novidade que, com o passar do tempo, a memória vai deixando para trás alguns detalhes do que fora anteriormente presenciado. De fato, "podemos, inconscientemente, alocar uma série de informações sobre o outro que não se relacionam aos seus atos, mas sim a um olhar que acabamos consolidando sobre tudo aquilo que pressupomos que o outro seja".[262]

De acordo com António Damásio, toda vez que lembramos de "um dado objecto, um rosto ou uma cena, não obtemos uma reprodução exacta, mas antes uma *interpretação*, uma nova versão reconstruída do original. Mais ainda, à medida que a nossa idade e experiência se modificam, as versões da mesma coisa evoluem".[263] Segue o neurologista português dizendo que

> (...) a negação de fotos permanentes do que quer que seja possam existir no cérebro tem de ser reconciliada com a sensação, que todos nós partilhamos, de que *podemos* evocar, nos olhos ou ouvidos da nossa mente, imagens aproximadas do que experienciámos anteriormente. O facto de estas aproximações não serem exactas, ou de serem menos vívidas que as imagens que tencionam reproduzir, não é uma contradição.[264]

Tais imagens poderiam ser, então,

> (...) construções momentâneas, *tentativas de réplica*, de padrões que já foram experienciados pelo menos uma vez e para os quais a probabilidade de se obter uma réplica exacta é baixa, sendo de notar que a probabilidade de ocorrer uma réplica substancial pode ser superior ou inferior, dependendo das circunstâncias em que as imagens foram assimiladas e estão a ser acedidas. Estas imagens evocadas tendem a ser retidas na consciência apenas de forma passageira, e, embora possa parecer que constituem boas réplicas, são frequentemente imprecisas ou incompletas.[265]

---

[262] VASCONCELLOS, Silvio José Lemos; GAUER, Gabriel José Chittó. *Contribuições da Psicologia Cognitiva para a compreensão dos diferentes olhares direcionados ao comportamento delitivo.*, p. 134.
[263] DAMÁSIO, António. *O erro de Descartes*, p. 116.
[264] Idem, p. 116-117.
[265] Idem, p. 117.

A partir de então, é natural que a memória preencha esses espaços de esquecimento com outras informações (in)conscientemente construídas, muitas vezes sem qualquer relação com o ocorrido. Pelas palavras de Rui Cunha Martins, "a memória, ou a sua reprodução na consciência, é passível de revisão", mas parece persistir, "colado à memória, um aviso de não mexer, ou de agitar com cuidado. Críptico, inconfessado, um tabu instalado em torno da memória dá mostras de resistir".[266] De acordo com François Ost, "Não há memorização sem triagem seletiva, não há comemoração sem invenção retrospectiva".[267]

Henri Bergson, no final do século XIX, antecipava o que veio a ser comprovado pelos neurocirurgiões às vésperas do século XXI, conforme visto acima: "O que você tem a explicar, portanto, não é como a percepção nasce, mas como ela se limita, já que ela seria, de direito, a imagem do todo, e ela se reduz, de fato, àquilo, que interessa a você".[268]

O mecanismo de verificação da lembrança das testemunhas e vítimas do evento delitivo durante a instrução criminal encontra-se completamente defasado frente às novas concepções de tempo, espaço, velocidade, memória, etc., oriundas da sociedade contemporânea. Como se situaria, então, o direito – e, em especial, o direito processual penal – nesse contexto de crise das condições de possibilidade da ciência moderna? Com um tempo reconhecidamente diferente daquele do modelo newtoniano, uma memória indubitavelmente falível (e, justamente por isso, *demasiado humana*) e uma impossibilidade de apreender por completo um fato pretérito (no caso, o fato-crime), o processo penal teria como manter sua proposta de reconstituir o fato e buscar o que realmente ocorreu – em uma linguagem jurídica, a tão visada "verdade real"?

Para além de quaisquer considerações acerca da (in)viabilidade de concretização dessa crença, vale lembrar o que diz Aury Lopes Jr.: "A verdade absoluta é sempre intolerante, sob pena de perder seu caráter 'absoluto'".[269]

---

[266] MARTINS, Rui Cunha. *O nome da alma: "memória", por hipótese*, p. 22 e 23.
[267] OST, François. *O Tempo do Direito*, p. 63.
[268] BERGSON, Henri. *Matéria e Memória. Ensaio sobre a relação do corpo com o espírito*, p. 39.
[269] LOPES JR., Aury. *Introdução Crítica ao Processo Penal*, p. 170.

A exposição das limitações do processo penal, desde a sua lógica inquisitorial de presentificação do delito,[270] procuram demonstrar a sua (in)capacidade para lidar com fenômenos complexos, uma vez que fundado em bases epistemológicas ultrapassadas e, portanto, inaptas para comportar uma "resposta" satisfatória aos delitos. E os novos modelos de gestão de conflitos em sede criminal não podem simplesmente ser apresentados como solucionadores dessa crise, mas também necessitam ser exaustivamente questionados se, como possíveis substitutos do processo penal, poderão ser, de fato, mais eficazes do que o processo penal.

3.3. As novas formas de justiça criminal assumem a complexidade

Na esteira de Luiz Antônio Bogo Chies, "aquilo, pois, que chamamos de crime (...) é um complexo fenômeno permeado por interesses e valorações de interesses que se enfrentam a partir de referenciais também permeados de interesses e valorações".[271] De acordo com esse entendimento, não é difícil perceber que a lógica do direito e do processo penal modernos são absolutamente contrários a essa noção: enquanto o crime é uma violação da lei, em que ocorre um enfrentamento à ordem jurídica, o processo penal é a forma necessária que deve ser observada para que alguém possa vir a ser penalizado. Ou seja: o crime e o processo penal modernos não levam em consideração absolutamente *nada* além de sua própria sustentabilidade. Não há alteridade no direito penal, e não há outra forma de resolver os conflitos criminais senão por aquela via preestabelecida pela legislação.

Nesse sentido, mais cedo ou mais tarde a totalidade da lei iria se confrontar com a diversidade de culturas, de ideias, de valores e de referências: quando da emergência do pensamento moderno, a Razão se estabeleceu como a única forma de revelar a verdade, explicar o mundo e controlar a natureza, em substituição a uma forma

---
[270] Sobre o assunto, conferir CARVALHO, Salo de. *Memória e Esquecimento nas Práticas Punitivas* – e, ainda, GARAPON, Antoine. *Bem Julgar: ensaio sobre o ritual judiciário*.
[271] CHIES, Luiz Antônio Bogo. *É Possível se Ter o Abolicionismo como Meta, Admitindo-se o Garantismo como Estratégia*, p. 195-196.

anterior de revelação – igualmente totalitária: a palavra do Papa e dos bispos da Igreja Católica.

Evidentemente que em um contexto de totalidade de pensamento, de imposição de uma forma de pensar sobre outras, o direito acabou inserido nessa lógica: a lei, expressão da vontade comum, revela a *única maneira* para se solucionar os conflitos em sociedade. O que não está na lei, não pode ser usado, sob pena de uma relativização que poderia arruinar os pilares de sustentação da base epistemológica do direito.

No entanto, não há mais que se duvidar que, de fato, o multiculturalismo e o pluralismo jurídico[272] impedem que uma única lei possa dar conta de todos os problemas criminais em um país inteiro – mormente quando se trata de um país de dimensão continental como o Brasil. A crise do direito vem se desenvolvendo desde o momento em que a sua estrutura foi considerada como válida para todos e, portanto, universalmente aceita. O impedimento de outras formas de pensamento é impositivo, e a consequência não poderia ser outra: a deflagração da impossibilidade de se alcançar o sucesso através de uma fórmula única, de um pensamento único. A crise do direito e, para a nossa análise, a crise do direito processual penal, não pode mais ser desconsiderada.

As novas formas de resolução dos conflitos criminais devem assumir a complexidade do fenômeno criminal ou então, acreditamos, estarão fadadas ao fracasso. Ignorar que o crime não pode ser analisado somente pelo viés jurídico deixou de ser uma postura inovadora para se tornar uma condição necessária para o enfrentamento das questões criminais contemporâneas.

Nesse sentido, salientamos que, apesar da simplicidade de alguns modelos de justiça criminais, não podemos também deixar de mencionar o grande avanço propiciado pelos Juizados Especiais Criminais, quando possibilitaram o ingresso da vítima no campo de discussão do problema penal: dessa forma, oportunizaram que a crise do processo penal fosse encarada oficialmente, uma vez que o próprio Estado editou uma lei (a 9.099/95, para o nosso caso) na tentativa de dar maior efetividade ao sistema penal.

Uma abordagem crítica dos Juizados Especiais Criminais, bem como das outras três formas de justiça criminal, será realizada a

---

[272] Conferir WOLKMER, Antônio Carlos. *Pluralismo Jurídico. Fundamentos de uma nova cultura no Direito.*

seguir, de forma a buscar constatar se há ou não uma assunção da complexidade dos conflitos criminais por parte de cada uma dessas (novas) formas processuais penais.

3.3.1. Os Juizados Especiais Criminais: abordagem crítica

Jacinto Nelson de Miranda Coutinho é incisivo na crítica à Lei 9.099/95, e assevera que se tratava de "um aceno a uma nova perspectiva, com os limites fixados no texto e, por óbvio, para gerar uma estrutura compatível com os demais princípios da matéria na própria Carta".[273] Seria necessário, portanto, discutir até onde tais critérios poderiam avançar; mas, para o autor, não foi o que aconteceu:

> Com a desculpa de que se tratava de algo novo – (...) – lançou-se mão, de modo açodado, da técnica que se tem utilizado ultimamente para se fazer passar, à revelia do país, as leis de que tanto se tem falado mal: sem discussão (pelo menos de relevância, onde a sociedade, diretamente interessada, seja realmente ouvida), os governos têm proposto anteprojetos de leis que, não raro, são promulgados por acordos de lideranças; e à traição da nação, que vai pagar pelos prejuízos. (...) No caso da Lei nº 9.099/95 não foi diferente. Mais uma vez se evitou um amplo debate nacional, inclusive para se saber se ela era necessária; e, adiante, na forma atabalhoada como foi aprovada.[274]

Continua o autor referindo que

> (...) a CR consagra, em definitivo, um sistema processual penal acusatório (...), o qual deveria servir de base à legislação toda, inclusive à estrutura que se fosse criar para atender às infrações penais de menor potencial ofensivo, mas tal não ocorreu e a lei, então, já nasceu velha, sem que isso seja, por certo, questão a ser imputada ao Parlamento. Enfim, era necessário legislar bem; em conformidade concreta – e não só discursiva – com a CR; e com uma cara efetivamente nova.[275]

No mesmo sentido, Alexandre Wunderlich refere que "a ausência de debate e a publicação de textos sem critério científico ou mesmo sem qualquer investigação empírica vêm construindo o paradigma da miséria acadêmica dos últimos anos".[276] Para Coutinho e Wunderlich, portanto, trata-se de uma questão que poderia ter sido enfrentada quando da discussão do projeto de lei que resultou

---

[273] COUTINHO, Jacinto. *Manifesto Contra os Juizados Especiais Criminais (Uma Leitura de Certa "Efetivação" Constitucional)*, p. 4.
[274] Idem, p. 4-5.
[275] Idem, p. 6.
[276] WUNDERLICH, Alexandre. *A Vítima no Processo Penal (impressões sobre o fracasso da Lei nº 9.099/95)*, p. 32.

na Lei 9.099/95. Porém, a ausência de um diálogo sério colaborou para o fracasso da lei dos Juizados Especiais.

O autor assevera, ainda, que se "o conflito chega à justiça retratado em infração com dignidade penal, é porque merece ser solucionado à luz de um modelo de garantias que se legitima como um sistema de poder mínimo, no plano político, capaz de minimizar violência e de maximizar liberdade".[277] Nesse sentido, não seria possível abrir mão das garantias quando uma pessoa fosse acusada formalmente da prática de um crime, sob pena de retorno a um processo penal que não propiciasse efetivos meios de assegurar o acusado do poder punitivo estatal.

E, para finalizar a sua contundente crítica, Wunderlich apresenta um diagnóstico do fracasso da Lei 9.099/95, apontando dez razões para tanto: (1) o excessivo número de conflitos e a burocratização judicial; (2) o processo de seletividade exercido pela vítima e o seu "poder denunciante": a facilidade do registro do termo circunstanciado e a obrigatoriedade do encaminhamento aos Juizados; (3) "ser decisor" e "ser conciliador": o despreparo dos juízes na mediação do conflito; (4) a ausência da vítima em audiência: criação do instituto da desistência tácita em ação penal pública; (5) conciliação infrutífera nos casos de violência contra a mulher e ausência de assistência estatal no pós-conflito; (6) o descumprimento dos termos legais da audiência preliminar: audiências á distância e/ou coletivas; (7) realização de audiências sem a presença do MP e as partes sem assistência jurídica; (8) dificuldade para o arquivamento, imposição de aceitação da transação penal e ausência de critério razoável para o oferecimento da proposta; (9) a transação penal como imposição de pena e o seu descumprimento: pena sem processo; e, por fim, (10) transação penal: ausência do devido processo legal, violação ao princípio da presunção de inocência e privatização da justiça.[278]

Para Aury Lopes Jr., não se pode "pactuar com o desvirtuamento do processo penal, transformando-o numa via mais cômoda, econômica e *eficiente* (pelo caráter coativo), para obtenção de um ressarcimento financeiro. Ora, para isso existe o processo civil...".[279]

---

[277] WUNDERLICH, Alexandre. *A Vítima no Processo Penal...*, p. 27.

[278] Idem, p. 35-48.

[279] LOPES JUNIOR, Aury. *Justiça Negociada: utilitarismo processual e eficiência antigarantista*, p. 101.

Entende o autor que a interferência da premissa neoliberal de Estado mínimo obteve reflexo também no processo penal, uma vez que

> (...) a intervenção jurisdicional também deve ser mínima (na justiça negociada o Estado se afasta do conflito), tanto no fator tempo (duração do processo), como também na ausência de um comprometimento maior por parte do julgador, que passa a desempenhar um papel meramente burocrático.[280]

Para Lopes Jr., grande parte da doutrina brasileira, quando se deparou com a possibilidade de negociar no processo penal, acreditou estar diante de "uma inovação revolucionária (ou perigoso retrocesso?). Contudo, com o passar dos anos, a criatura virou-se contra o criador, ou melhor, mostrou sua verdadeira cara".[281] O sistema negocial, conforme o autor, não faz parte do sistema acusatório implicitamente presente na Constituição, pois haveria a violação aos princípios da (a) jurisdicionalidade; (b) inderrogabilidade do juízo; (c) separação das atividades de acusar e julgar; (d) presunção de inocência; (e) contradição; e (f) fundamentação das decisões judiciais.[282]

Por fim, vale lembrar as palavras de Salo de Carvalho, quando diz que "se há a possibilidade de reparação do dano, a via penal não é a adequada, devendo-se, ao contrário de privatizar o conflito penal, descriminalizar a conduta, substituindo sua coloração jurídica".[283] Ademais, assevera o autor que

> (...) ao não vermos o processo penal como instrumento adequando para satisfazer a vítima e buscar a reparação do dano, não propugnamos uma abstenção estatal na sua tutela. Todavia, a ação não pode ocorrer no interior do necessário processo penal, que diz respeito fundamentalmente à tutela do réu. Ressalte-se: *o processo penal é revestido de uma instrumentalidade garantista, direcionada à defesa do imputado/réu contra os poderes públicos e/ou privados desregulados, e não da vítima.*[284]

Desde um ponto de vista garantista, o procedimento instaurado pela Lei 9.099/95, acreditamos, não apresenta sustentação constitucional. Para tanto, seriam necessárias modificações legislativas

---

[280] LOPES JUNIOR, Aury. *Justiça Negociada...*, p. 114.
[281] Idem, p. 99.
[282] Idem, p. 117-118.
[283] CARVALHO, Salo de. *Considerações sobre as Incongruências da Justiça Penal Consensual: retórica garantista, prática abolicionista*, p. 149.
[284] Idem, p. 149-150.

na lei dos Juizados para que fosse possível adaptá-la aos parâmetros constitucionais.

Diferentes opiniões, no entanto, têm surgido no cenário jurídico, e debates têm sido promovidos para questionar a eficácia e a utilidade dos Juizados. Mas percebe-se também que tais opiniões, ora no mesmo sentido, ora em sentido contrário, parecem não oferecer resistências a uma nova proposta no âmbito criminal – seja para informalizar, seja para protestar por mais garantias no processo penal. Muito embora critique (e de forma veemente) os Juizados, até mesmo Coutinho, quiçá o crítico mais incisivo da Lei 9.099/95, indiretamente, poderia vir a admitir os mesmos caso houvesse espaço para o diálogo antes de sua implantação, o que ensejaria o debate necessário acerca de sua (obrigatória) adequação constitucional.

Antes de analisarmos criticamente a eficácia dos Juizados, preferimos abordá-los como o primeiro sinal da crise do processo penal. Ademais, outra possibilidade de análise crítica surge a partir desse viés: a de que o processo penal, que muitas vezes não oferece chances de resolver um problema complexo por sua simplicidade, quando se trata de enfrentar conflitos de baixo potencial ofensivo, parece ser um instrumento demasiado desproporcional, inadequado para lidar de forma tão ampla com um conflito de pouca relevância social/penal.

3.3.2. A justiça terapêutica: abordagem crítica

Inicialmente, podemos referir, com Salo de Carvalho, que "o projeto de Justiça Terapêutica não apenas retoma os modelos defensivistas que substituem penas por medidas, como reedita perspectiva sanitarista na qual o usuário de drogas é visto invariavelmente como doente crônico, reincidente e incurável", sendo nítido o estabelecimento, por parte do projeto, de "pautas moralistas e normalizadoras próprias de modelos penais autoritários fundados no periculosismo".[285]

Segue o autor referindo que

(...) sob o declarado fim de auxiliar, via tratamento, o indivíduo envolvido com drogas, o projeto lhe retira a qualidade de sujeito, negando-lhe possibilidades de fala. A propósito, esta é a característica marcante dos discursos penais que se

---

[285] CARVALHO, Salo de. *A Política Criminal de Drogas no Brasil (estudo criminológico e dogmático)*, p. 229.

fundem com a lógica psiquiátrica, como se pode perceber, no caso do direito penal das drogas, do tratamento imposto ao condenado ou das medidas aplicadas aos inimputáveis (art. 29, Lei 6.368/76).[286]

Nota-se que o discurso dos propositores da JT está estruturado em um empirismo quase absoluto, negando qualquer possibilidade de uma abordagem científica ao mesmo. Ao se mencionar uma postura impositiva do juiz (vide *princípio do tratamento compulsório*), está-se a negar a própria condição de sujeito do envolvido com drogas, como se o seu uso (ou a sua dependência) retirasse do cidadão a sua condição humana. A sua capacidade de diálogo, no caso, é reduzida a zero – sob o argumento de que, nos Estados Unidos,

> (...) os Promotores e Juízes de Miami, rompendo com o entendimento psiquiátrico padrão de então, o qual entendia que para haver tratamento deveria haver a vontade do paciente de se tratar, passaram a propor tratamento aos envolvidos com drogas, em substituição aos processos criminais, dando início a uma verdadeira revolução na matéria naquele país.[287]

No entanto, vale lembrar que a realidade estadunidense é absolutamente diversa da realidade brasileira: a viabilidade de aplicação (*imposição*) de um tratamento psiquiátrico aos envolvidos com drogas, naquele país, não constitui um problema a mais para as autoridades públicas. Em terras brasileiras, a situação é diversa, e a possibilidade de se obter êxito em uma "cruzada" dessas – como refere um documento assinado pelo Conselho Nacional de Procuradores-Gerais de Justiça[288] – mesmo que seja através do sistema público de saúde (que, apesar de não representar uma despesa extra para a aplicação da JT, não consegue atender à sua demanda normal – imagine-se, então, como seria tratada essa nova demanda oriunda da JT).

Ademais, esquecem-se os seus defensores que o Código de Ética Médica, como lembra oportunamente Salo de Carvalho, veda aos médicos, por exemplo,

> (a) efetuar qualquer procedimento sem o esclarecimento e o consentimento prévios do paciente ou de seu responsável legal; (b) exercer sua autoridade de maneira a limitar o direito do paciente de decidir livremente sobre sua pessoa ou seu bem es-

---

[286] CARVALHO, Salo de. *A Política Criminal de Drogas no Brasil (estudo criminológico e dogmático)*, p. 229.
[287] SILVA, Ricardo de Oliveira. *Justiça Terapêutica: um programa judicial de atenção ao infrator usuário e ao dependente químico*, p. 8.
[288] Citado por SILVA, Ricardo de Oliveira. *Justiça Terapêutica...*, p. 6.

tar; (c) desrespeitar o direito do paciente de decidir livremente sobre a execução de práticas diagnósticas ou terapêuticas, salvo em caso de iminente perigo de vida,[289] etc.

A Justiça Terapêutica, caso pretenda ser absorvida pelo sistema judicial brasileiro, antes deverá observar os direitos e garantias individuais dos acusados em geral para, somente depois, pensar na sua aplicabilidade prática. Lembramos, vez mais, o que diz Salo de Carvalho, quando leciona que "parece ser premissa fundamental o reconhecimento do envolvido com drogas como sujeito com capacidade de diálogo. Este deve ser o pressuposto de qualquer modalidade de intervenção",[290] pois, lembrando as palavras de Mariana Weigert, "o paciente deve ter o direito de decidir sobre a sua vida, sobre seu corpo e sua mente, inclusive para contribuir para que os resultados do tratamento sejam atingidos".[291]

3.3.3. Justiça restaurativa: abordagem crítica

A preocupação em deixar o velho paradigma processual penal aparenta estar presente no modelo de Justiça Restaurativa, uma vez que rompe com algumas características básicas do modelo processual penal atualmente em vigor: **(a)** a vítima poderá participar dos debates; **(b)** o procedimento poderá não resultar em prisão para o acusado, mesmo que ele venha a admitir que praticou o delito e provas venham a corroborar a confissão; **(c)** há a possibilidade de acordo entre as partes independentemente de homologação judicial; **(d)** os operadores jurídicos deixam de ser absolutamente imprescindíveis nesse modelo, embora não sejam dispensáveis, abrindo espaço para um enfrentamento interdisciplinar do conflito interpessoal; dentre outras características.

3.3.3.1. A inserção da vítima no enfrentamento do problema criminal

Nota-se que se trata de uma tentativa de criação de um novo modelo de justiça criminal, desvinculado do excessivo formalismo – típico da modernidade – e procurando pensar em *solucionar* a

---
[289] CARVALHO, Salo de. *A Política Criminal...*, p. 231.
[290] *A Política Criminal...*, p. 232.
[291] WEIGERT, Mariana. *O Discurso Psiquiátrico na Imposição e Execução das Medidas de Segurança*, p. 608.

situação-problema, e não simplesmente em *atribuir culpa* a um sujeito.

Vale o registro de André Gomma de Azevedo, para quem

> (...) a Justiça Restaurativa apresenta uma estrutura conceitual substancialmente distinta da chamada justiça Tradicional ou Justiça Retributiva. A Justiça Restaurativa enfatiza a importância de se elevar o papel das vítimas e membros da comunidade ao mesmo tempo em que os ofensores (réus, acusados, indiciados ou autores do fato) são efetivamente responsabilizados perante as pessoas que foram vitimizadas, restaurando as perdas materiais e morais das vítimas e providenciando uma gama de oportunidades para diálogo, negociação e resolução de questões.[292]

Renato Campos de Vitto acredita que a Justiça Restaurativa não pode ser dissociada do modelo de proteção dos direitos humanos em função de visarem ao mesmo bem: o respeito à dignidade humana.[293] Adverte o autor, no entanto, que

> (...) em um contexto de proliferação da chamada "cultura do medo" e a amplificação, pelos meios de comunicação de massa, da doutrina da lei e da ordem, há que se cercar de todas as cautelas possíveis para que o empoderamento da comunidade na busca das soluções de seus próprios conflitos não se dê em detrimento de todo o processo histórico de proteção e afirmação dos direitos humanos.[294]

Em outras palavras, o autor trata com restrições a possibilidade de se colocar a vítima no desenvolvimento do processo, sob pena do procedimento restaurativo fugir aos limites dos direitos humanos quando mal gerenciado, com a delegação de poderes desmesurados nas mãos da vítima. Necessário, portanto, um maior aprofundamento do debate acerca da maneira como pode a vítima intervir no desfecho do conflito, de forma a não extrapolar os limites constitucionais existentes.

3.3.3.2. *Um novo paradigma processual penal*

Acreditamos, no entanto, que "a Justiça Restaurativa representa um novo paradigma aplicado ao processo penal, que busca intervir de forma efetiva no conflito que é exteriorizado pelo crime, e restaurar as relações que foram abaladas a partir desse evento".[295]

---

[292] AZEVEDO, André Gomma. *O Componente Mediação...*, p. 6.
[293] VITTO, Renato Campos de. *Justiça Criminal, Justiça Restaurativa e Direitos Humanos*, p. 7.
[294] Idem, ibidem..
[295] Idem, p. 8.

E a aparição do novo paradigma reside justamente nesse ponto: a possibilidade de um diálogo entre vítima, ofensor e quaisquer outros interessados no conflito, a partir da ideia apresentada por Eduardo Rezende Melo, de que

> (...) o pluralismo que um modelo restaurativo de justiça nos permite entrever é este, de que as avaliações que realizamos não se remetem logicamente a valores dos quais deduzimos as condutas que haveremos de adotar, mas se referem, pelo contrário, a maneiras de ser, de viver, de sentir que haveremos, em nossa singularidade existencial, de procurar estruturar e justificar, com tudo aquilo de que somos providos – sentimentos, paixões, razões –, para nos afirmarmos no mundo. E esta afirmação há de ser feita perante um Outro concreto com o qual nos relacionamos, com seu modo de existência todo diverso, incapaz ele também de, por si, nos entender.[296]

Vale citar novamente Melo, que sintetiza os motivos que demonstram, efetivamente, a emergência de um novo paradigma processual, a partir da Justiça Restaurativa, para o enfrentamento dos conflitos criminais: primeiramente, ela oportuniza uma outra percepção da relação entre o indivíduo e a sociedade "no que concerne ao poder: contra uma visão vertical na definição do que é justo, ela dá vazão a um acertamento horizontal e pluralista daquilo que pode ser considerado justo pelos envolvidos numa situação conflitiva"; em segundo lugar, salienta que a JR foca "na singularidade daqueles que estão em relação e nos valores que a presidem, abrindo-se, com isso, àquilo que leva ao conflito"; em terceiro lugar, se o foco está mais voltado para a relação do que para a resposta punitiva estatal, o próprio conflito e a tensão relacional adquirem outro estatuto, "não mais como aquilo que há de ser rechaçado, apagado, aniquilado, mas sim como aquilo que há de ser trabalhado, laborado, potencializado naquilo que pode ter de positivo, para além de uma expressão gauche, com contornos destrutivos"; em quarto lugar, "contra um modelo centrado no acertamento de contas meramente com o passado, a justiça restaurativa permite uma outra relação com o tempo, atentado também aos termos em que hão de se acertar os envolvidos no presente à vista do porvir"; e, em quinto lugar, "este modelo aponta para o rompimento dos limites colocados pelo direito liberal, abrindo-nos, para além do interpessoal, a uma percepção social dos problemas colocados nas situações conflitivas".[297]

---

[296] MELO, Eduardo Rezende. *Justiça Restaurativa e seus Desafios Histórico-Culturais. Um ensaio crítico sobre os fundamentos ético-filosóficos da justiça restaurativa em contraposição à justiça retributiva*, p. 11.
[297] Idem, p. 7

Trata-se, conforme as palavras do autor, de

(...) superar uma situação em que a regra se mostra alheia e impessoal, em que falta ao homem a capacidade de julgamento do justo de sua ação, cumprindo-lhe apenas obedecer, sujeitar-se, internalizar algo cuja sintonia com suas condições de vida lhe escapam e que apenas lhe provoca um ressentimento generalizado, de que a própria manifestação de violência é expressão, como sobretudo de um niilismo existencial aniquilador.[298]

Howard Zehr, com propriedade, afirma: "rostos precisam substituir o estereótipo. Representações precisam ser questionadas".[299] Enquanto sobreviver um sistema penal que prioriza números e dados em vez de pessoas, certamente o fracasso será a marca registrada dessa engrenagem. A coisificação efetivada pela justiça penal, como lembra Leonardo Sica, transforma ofensores e vítimas em meros *réus* e *testemunhas*, legitimando um paradigma que "pressupõe que cada caso pode e deve ser igual aos anteriores, daí as decisões pasteurizadas, súmulas vinculantes, etc".[300]

Por fim, importante salientar que práticas restaurativas estão em pleno funcionamento no 3º Juizado da Infância e da Juventude de Porto Alegre e, ademais, está em tramitação no Congresso Nacional, protocolizada sob o número 99/2005, uma sugestão legislativa para alterar determinados dispositivos do Código Penal, do Código de Processo Penal e da Lei 9.099/95, a fim de instituir legalmente a justiça restaurativa no país.[301]

3.3.4. Justiça Instantânea: abordagem crítica

Segundo Alexandre Wunderlich, "as alterações sofridas nas categorias *velocidade* e *tempo* na sociedade complexa também tiveram eco no campo do processo penal".[302]

Escancaradamente marcada pela supressão de direitos e garantias, bem como da instantaneidade das respostas, ambos exigi-

---

[298] MELO, Eduardo Rezende. *Justiça Restaurativa e seus Desafios...*, p. 10.
[299] ZEHR, Howard. *Trocando as Lentes: um novo foco sobre o crime e a justiça*, p. 193.
[300] SICA, Leonardo. *Justiça Restaurativa e Mediação Penal: o novo modelo de justiça criminal e de gestão do crime*, p. 31.
[301] Não desconhecemos a profunda discussão que a implementação legal da justiça restaurativa acarreta. Entretanto, pelas limitações deste trabalho, deixaremos para abordá-la em outras oportunidades.
[302] WUNDERLICH, Alexandre. *A Vítima no Processo Penal: impressões sobre o fracasso da Lei 9.099/95*, p. 262.

dos pela ideologia neoliberal, a Justiça Instantânea, mesmo sem o notar (ou notando muito bem) tornou-se um espaço de enfraquecimento da Constituição e de deificação da velocidade. Inúmeros discursos têm sido proclamados para justificar toda a agilidade que o Projeto pressupõe, e que essa sim responderia a um ideal de justiça que toda a sociedade almeja (note-se aqui presente, uma vez mais, a pretensão universalista do discurso neoliberal).[303] Acontece que acaba-se deixando de lado os direitos constitucionalmente assegurados para dar razão a toda essa prática antigarantista, violadora dos direitos e garantias dos cidadãos.

Como refere Salo de Carvalho,

> (...) as perspectivas indicadas na nova ordem internacional parecem-nos aterrorizantes para a tutela dos direitos humanos, fundamentalmente pelo fato de que a quebra dos limites do poder, já não mais concentrado no Príncipe ou no princípio (Direito), mas no Mercado, não sofre quaisquer resistências pela sociedade civil.[304]

Tomada pelo medo e pelo instantaneísmo, a sociedade tenta atribuir ao direito (penal) a função de restabelecer a ordem perdida. Como que numa guerra "da gente" contra "eles", legitimam-se instrumentos repressivos para combater uma insegurança desenfreada que ameaça (?) a população, em que o eleito como responsável é, naturalmente, o delinquente.[305]

Em um contexto que prima pela solução penal dos problemas sociais, essa mesma sociedade tenta desesperadamente barrar essa suposta "opção generalizada pelo crime" dos adolescentes brasileiros – mais especificamente os adolescentes de rua: nada mais se poderia esperar do que uma responsabilização juvenil de uma parcela dessa "enchente de crimes" que assola as "pessoas de bem".

O reflexo imediato disso tudo não poderia ser diferente: supressão de garantias e aumento da velocidade (ou supressão da mesma: o instantaneísmo exclui o tempo, que, por sua vez, suprime a velocidade) na punição; atribuir a causa de um crime a uma só pessoa e isentar o contexto socioeconômico-histórico-cultural em que se vive; campanhas (irracionais) pela redução da maioridade

---

[303] AZEVEDO, Plauto Faraco. *Direito, Justiça Social e Neoliberalismo*, p. 96-133.
[304] CARVALHO, Salo. *Garantismo Penal e Conjuntura Político-Econômica: resistência à globalização neoliberal: breve crítica*, p. 58.
[305] PASTANA, Débora Regina. *Cultura do Medo: reflexões sobre violência criminal, controle social e cidadania no Brasil*, p. 101.

penal; etc. Através de exemplos isolados, busca-se criar regras gerais que possam diminuir os índices de criminalidade juvenil. Ignora-se, porém, que tais índices jamais (repetimos, para não surgirem dúvidas: jamais) serão reduzidos através da criação de (mais) leis penais e do endurecimento das penas.

"Resposta instantânea", essa é a ideia. "E com justiça!", dirão alguns.

Negamos, no entanto, a concepção ontológica de crime, lembrando as palavras de Nilo Batista: "o direito penal vem ao mundo (ou seja, é legislado) para cumprir funções concretas *dentro de* e *para uma* sociedade que concretamente se organizou de *determinada maneira*".[306] Assim, concordamos com Andrei Zenkner Schmidt, quando afirma que "o crime é, na verdade, uma *convenção* estabelecida segundo os ditames sociais e políticos de um determinado país, devendo ser reputadas falaciosas as conclusões jusnaturalistas acerca do *crime natural*".[307] A mágica e desmesurada solução penal dos problemas sociais acaba por negar inteiramente o caráter antropológico da violência que, segundo Ruth Gauer,[308] pertence ao homem e jamais será afastado dele enquanto viver em sociedade.

Enquanto a hipocrisia (real ou fingida) relativamente a este tema perdurar, não existirá luz no fim do túnel. E para tornar visível tal luz, o que poderia ocorrer através de respostas ("respostas", no plural, pois para problemas complexos não existem respostas simples e tampouco únicas) na esfera social, tenta-se penalizar o problema, como se a cadeia fosse a solução para os males do mundo.[309] Se assim o fosse, os mais de duzentos anos desde o nascimento da prisão já teriam comprovado a sua (in)eficiência.

Eis então que se justificam as palavras de Alexandre Wunderlich: "Daí a importância da afirmação de movimentos políticos de resistência teórica e prática que visem maximizar garantias e limitar o poder punitivo estatal, a fim de evitar e/ou minimizar as violações aos direitos fundamentais".[310]

---

[306] BATISTA, Nilo. *Introdução Crítica ao Direito Penal Brasileiro*, p. 19.
[307] SCHMIDT, Andrei Zenkner. *O Princípio da Legalidade Penal no Estado Democrático de Direito*, p. 146-147.
[308] GAUER, Ruth Chittó. *Alguns Aspectos da Fenomenologia da Violência*, p. 13 e ss.
[309] Sobre a panpenalização e o aumento dos programas de tolerância zero, veja-se o trabalho de Loïc WACQUANT, *As Prisões da Miséria*.
[310] WUNDERLICH, Alexandre. *Ob. cit.*, p. 242.

3.4. Para além do processo penal

Como se percebe, não se discute aqui acerca da necessidade de o processo penal estar cercado do máximo de garantias possível – mas, antes, pretende-se questionar se este modelo de processo penal, tendo como características a racionalidade, a objetividade, a neutralidade, etc., é capaz de dar conta dos conflitos criminais emergentes a todo instante na sociedade contemporânea. Os novos modelos de administração da justiça criminal podem ser observados, então, como sintomas da crise do processo penal no século XXI?

Acreditamos que os Juizados Especiais Criminais, oriundos de mandamento constitucional, ofereceram as condições legais para o questionamento do modelo de processo penal apresentado pelo Código de Processo Penal vigente – porém, desvinculado de uma capacitação completa de todos os envolvidos com a sua operacionalidade e, ainda, desarraigado dos princípios e das diretrizes constitucionais penais e processuais penais, a sua prática não modificou a realidade do sistema criminal – e, pelo contrário, apresentou sinais de piora.

Por sua vez, as *Justiças* Terapêutica e Instantânea não fogem da mesma base epistemológica do tradicional processo penal: enquanto a primeira é colocada em prática a fim de *neutralizar* e *sedar* determinados tipos de desviantes, sem que haja a possibilidade de diálogo entre estes e o Poder Público, a segunda apresenta a mesma funcionalidade e, quiçá, uma lógica ainda mais inquisitorial do que a existente no processo penal tradicional, em função da supressão do tempo na aplicação da(s) punição(ões).

Já a Justiça Restaurativa, apresenta-se portando um novo ideal, uma nova possibilidade de se enfrentar os conflitos criminais, abandonando-se o velho paradigma de culpa-castigo para um paradigma de diálogo-consenso. A sua adequação ao ordenamento jurídico brasileiro ainda não é clara, e as suas premissas são pouco difundidas tanto nas academias quanto nos tribunais brasileiros. Porém, um maior aprofundamento de sua sistemática e uma mais ampla divulgação nas universidades e nos tribunais poderá torná-la no novo paradigma processual de (re)solução de conflitos criminais.

Fazemos coro às palavras de Chies, quando assinala que:

> (...) trata-se, pois, (...), de compreender a dinâmica para melhor operar a partir da mesma, sem ilusões que escapem aos limites e as possibilidades dos sistemas, ou, ainda, se for o caso, reconhecer a incapacidade do sistema para tais fins e funções, as quais somente poderão ser alcançadas através de outros sistemas ou, então, a partir de reestruturações do sistema em questão; opção que pode implicar no colapso de um sistema, em busca de uma reestruturação ou substituição do mesmo.[311]

Necessário, portanto, conhecer o modo de funcionamento do sistema processual penal para, conhecendo suas limitações, reconhecer a sua incapacidade para resolver os conflitos criminais. Enquanto temos um processo penal ancorado epistemologicamente no pensamento moderno, as garantias são inafastáveis e, antes disso, constituem-se em condição de possibilidade da democracia processual penal.

A Justiça Restaurativa, porém, sinaliza um novo caminho para o enfrentamento dos conflitos criminais, totalmente desarraigado dos pressupostos modernos – mas que, no entanto, não poderá ser implementado sem uma mudança considerável no que se entende por ciência jurídica atualmente.

---

[311] CHIES, Luiz Antônio Bogo. *Do Conflito Social ao Litígio Judicial (limites e possibilidades de um constructo autopoiético)*, p. 182.

Considerações finais

1. A racionalidade moderna, ancorada nas ideias de universalização e abstração, estruturou a forma de perceber o mundo desde o século XVI, quando Galileu Galilei combinou o conhecimento empírico com a matemática. Os fenômenos da natureza, antes explicados pela vontade divina, cuja porta voz era a Igreja Católica, passaram a ser explicados por uma lógica racional. A meta científica era, portanto, dissolver os mitos medievais e substituir a imaginação pelo saber. Tais fenômenos, a partir de então, seriam previsíveis e controláveis, o que permitiria ao homem conhecer e estabelecer as "leis da natureza".

2. Um determinismo rigoroso consolidou-se na visão que se tinha do mundo, e tudo era passível de explicação através da noção de causa-e-efeito: "Tudo o que acontecia possuía uma causa definida e gerava um efeito definido: o futuro de qualquer parte do sistema poderia – em princípio – ser previsto com absoluta certeza se se conhecesse em todos os detalhes seu estado em determinada ocasião".[312] A base filosófica originou-se a partir da divisão entre *res cogitans* e *res extensa,* realizada por Descartes: acreditava-se ser possível explicar o mundo sem qualquer influência do observador humano, de forma objetiva e universal.

Essa cosmovisão mecanicista foi defendida por Isaac Newton, "que elaborou sua Mecânica a partir de tais fundamentos, tornando-a o alicerce da Física clássica. Da segunda metade do século XVII até o fim do século XIX, o modelo mecanicista newtoniano do universo dominou todo o pensamento científico".[313]

---
[312] CAPRA, Fritjof. *O Tao da Física,* p. 50.
[313] Idem, p. 25.

3. A construção do pensamento e do conhecimento modernos (re)instaurou uma concepção de busca pela *verdade de todas as coisas* (já presente no período medieval) que, desde então, domina a prática científica do mundo ocidental, excluindo quaisquer outras formas de saber não racional e espalhando-se por todos os campos do conhecimento. Ao desencantar o mundo e despi-lo dos mitos que o configuravam, a ciência moderna atribuiu a si o local privilegiado de revelação da verdade e, ao fazer isso, mitificou-se. Substituiu um mito por outro, a saber, de que a racionalidade científica podia dar conta e explicar todos os fenômenos do mundo.

4. A *ciência jurídica*, por sua vez, passou a trabalhar numa concepção racionalista, mecanicista e meramente instrumental, ou seja, desvinculada de quaisquer outros fins que pudessem *atrapalhar* o progresso do conhecimento jurídico e, dentro do nosso tema, de elucidação da verdade no processo penal. O direito funciona(va) da mesma forma que a ciência: ele mesmo é a sua própria fonte de legitimação.

Operando dentro da mesma concepção cientificista e, para além disso, mantendo a mesma lógica que movia o processo inquisitorial do medievo, o direito consagrou o processo penal, através de todos os métodos científicos modernos, como local privilegiado de revelação da verdade de um fato-crime pretérito.

5. Concordamos com Foucault[314] quando faz a ressalva de que o processo não foi produzido para o fim que possui hoje, nem foi fruto de uma "evolução racional": transformou-se ao longo da história, adequando-se às necessidades políticas e sociais de sua época, vindo a se configurar no que hoje conhecemos como "busca da verdade real de um fato delituoso".

6. Embora muito se fale de uma nova postura científica a partir dos séculos XVI e XVII, parece-nos que pouco (ou nada) mudou em sede processual penal: as categorias hoje existentes refletem nada mais nada menos do que traços medievais travestidos de cientificidade. Com a laicização de determinadas práticas, pode-se dizer que o moderno direito processual penal apropriou-se da maneira de busca da verdade como a Igreja realizava, sempre com a justificativa da necessária busca da *verdade dos fatos*.

---

[314] FOUCAULT, Michel. *A Verdade e as Formas Jurídicas*, p. 62-63.

A justificativa predominante do processo penal no Brasil não mudou essencialmente da justificativa apresentada pelos inquisidores na Idade Média, ou seja: a busca da verdade (real). O processo continua sendo visto como um mecanismo apto a reconstituir o passado, principalmente através das palavras das testemunhas, da(s) vítima(s) e do(s) acusado(s). Os discursos ganham força e formam o que é chamado pelo *senso comum teórico* de "fato", reconstituindo-o através das falas. Exatamente como nos procedimentos utilizados pelos Tribunais da Inquisição, ainda se praticam os atos de interrogatório, de inquirição de testemunhas, de reconstituição de fatos, dentre outros. As coisas foram modificadas para que continuem exatamente como sempre foram.

7. Grossi tem razão ao afirmar que simplismo e otimismo são os traços característicos dos juristas modernos:[315] simplifica-se uma situação complexa e, ancorados no aparelho jurídico penal, emerge entre os juristas (e a população em geral) uma onda de otimismo, acreditando-se que o sistema penal possui condições, por si só (eis que é autojustificável), de dar conta dos problemas sociais contemporâneos.

Enquanto as justificativas de hoje se revestem de cientificidade ou de uma causa, as justificativas de outrora se revestiam de uma justificativa teológica (a crença nas interpretações católicas do mundo, da vida e da morte, e a manutenção da unidade de pensamento cristão) e, igualmente, de uma causa: a perseguição aos hereges através da busca da verdade. A funcionalidade do sistema continua a mesma, e a sua lógica permanece inalterada. A operacionalidade repressiva e a lógica inquisitiva,[316] portanto, mantêm-se intactas desde a Baixa Idade Média.

8. Com um deflagrado *amor à Lei* e uma latente *ojeriza* ao que lhe é estranho, o direito opera em uma lógica de autossuficiência, de autoprodução: o direito expulsa outros modos de pensamento (outras disciplinas) e ignora a realidade, acreditando estar no caminho certo para a resolução dos problemas da sociedade.

9. A teoria garantista apresenta o modelo de justiça criminal ideal mais próximo de uma laicização total. A tentativa de se expurgar as justificativas teológicas parecem atingir seu cume na exposi-

---

[315] GROSSI, Paolo. *Mitologias Jurídicas...*, p. 15.
[316] Sobre o tema, conferir THUMS, Gilberto. *Sistemas Processuais Penais*. Rio de Janeiro: Lumen Juris, 2006.

ção de Ferrajoli. O processo penal é visto, conforme o autor, como um meio de proteger o indivíduo do poder punitivo estatal e de minimizar os danos provocados pela estrutura punitiva, para fazer frente a possíveis abusos de poder.

10. Salta aos olhos a lógica característica do atual processo penal brasileiro: a primazia dos interesses da sociedade sobre os interesses dos indivíduos. De corte nitidamente autoritário, pois inspirado na reforma do Código de Processo Penal italiano realizada por Rocco (Ministro da Justiça de Mussolini), a legislação codificada optou pela minimização dos direitos e garantias fundamentais, adotando um modelo processual de corte nitidamente inquisitivo.[317]

11. Enquanto no direito penal percebe-se uma desenfreada busca de segurança através da edição de inúmeras leis penais, do aumento das penas em abstrato já existentes e da criação de novos tipos penais inseridos em leis atualmente em vigor, no processo penal é possível dizer que, além da instrumentalização repressiva do processo penal e para além das garantias constitucionais processuais penais, passou-se a pensar em novas formas de administração da justiça criminal.

Desde o momento em que a sistemática de busca da verdade declarada na exposição de motivos do atual CPP deixou de ser o único meio para tanto, sua infalibilidade começa a ser questionada e seus dogmas deixam de ser intransponíveis. A edição da lei 9.099/95 evidencia a confirmação do que já se podia perceber: a falência do modelo de processo penal atualmente em vigor no Brasil.

12. Enquanto o processo penal está constitucionalmente limitado por direitos e garantias individuais, os modelos consensuais de resolução de conflitos apresentam uma estrutura que, por vezes, abandona alguns desses direitos e garantias em prol de uma resposta estatal que possa admitir, trabalhar e enfrentar a complexidade que envolvem os casos criminais.

13. Os Juizados Especiais Criminais podem ser considerados como as condições de possibilidades para a informalização do processo penal tradicional, vindo a possibilitar, ainda, novas experiências procedimentais. Tomados como sintoma motor da crise do processo penal, os Juizados Especiais Criminais fundam um novo processo penal.

---

[317] CARVALHO, Salo de. *As Reformas Parciais no Processo Penal Brasileiro*, p. 84.

Importante perceber a ruptura que ocorre com o tradicional sistema processual penal brasileiro: enquanto neste não há espaço para o diálogo, para a composição de danos, para a tentativa de conciliação entre os envolvidos e, também, para uma eventual proposta de acordo por parte do Ministério Público, os Juizados Especiais Criminais introduziram no Brasil todas essas possibilidades, colocando-se de encontro à lógica moderna do processo penal tradicional e desvelando o seu discurso legitimante da civilização *versus* a barbárie.

Enquanto o processo penal tradicional expurga a vítima do enfrentamento da situação conflitual, os Juizados trazem-na para a mesa, possibilitando um local de fala a quem nunca foi ouvido. A introdução desse mecanismo viabilizador do consenso dentro do processo, representa não só uma ruptura com o antigo sistema, mas um avanço no sentido de reconhecer a falácia de um local privilegiado de exposição do poder que nunca quis saber quem de fato estava do outro lado.

14. A redução da complexidade mundana a meras leis matemáticas acaba por apresentar uma simplificação insustentável quando se trata de enfrentar uma ciência social aplicada, como o direito, cujos fenômenos não podem ser descritos através de fórmulas ou símbolos, sob pena de um reducionismo que beira a irracionalidade.

Em um contexto de totalidade de pensamento, de imposição de uma forma de pensar sobre outras, o direito acabou sendo inserido nessa lógica: a lei, expressão da vontade comum, revela a *única maneira* para se solucionar os conflitos em sociedade. O que não está na lei, não pode ser usado, sob pena de uma relativização que poderia arruinar os pilares de sustentação da base epistemológica do direito.

O impedimento de outras formas de pensamento é impositivo, e a consequência não poderia ser outra: a deflagração da impossibilidade de se alcançar o sucesso através de uma fórmula única, de um pensamento único. A crise do direito e, para a nossa análise, a crise do direito processual penal, tornou-se explícita.

15. As novas formas de resolução dos conflitos criminais devem assumir a complexidade do fenômeno criminal ou então, acreditamos, estarão fadadas ao fracasso. Ignorar que o crime não pode ser analisado somente pelo viés jurídico deixou de ser uma postura

inovadora para se tornar uma condição necessária para o enfrentamento das questões criminais contemporâneas.

Nesse sentido, salientamos que, apesar da simplicidade de alguns modelos de justiça criminais, não podemos também deixar de mencionar o grande avanço propiciado pelos Juizados Especiais Criminais, quando possibilitaram o ingresso da vítima no campo de discussão do problema penal e, assim, oportunizaram que a crise do processo penal fosse encarada oficialmente, uma vez que o próprio Estado editou uma lei (a 9.099, para o nosso caso) que deflagrou a falência do sistema processual penal vigente.

16. O Projeto Justiça Terapêutica "não apenas retoma os modelos defensivistas que substituem penas por medidas, como reedita perspectiva sanitarista na qual o usuário de drogas é visto invariavelmente como doente crônico, reincidente e incurável", sendo nítido o estabelecimento, por parte do projeto, de "pautas moralistas e normalizadoras próprias de modelos penais autoritários fundados no periculosismo".[318]

A Justiça Terapêutica, inserida na mesma lógica estrutural do processo penal tradicional, expurga a palavra do acusado e não o autoriza a *falar*, resultando no mesmo que a aplicação de uma pena privativa de liberdade: impõe-se algo indesejado. Lembramos, vez mais, o que diz Salo de Carvalho, quando leciona que "parece ser premissa fundamental o reconhecimento do envolvido com drogas como sujeito com capacidade de diálogo. Este deve ser o pressuposto de qualquer modalidade de intervenção",[319] pois, de acordo com as palavras de Mariana Weigert, "o paciente deve ter o direito de decidir sobre a sua vida, sobre seu corpo e sua mente, inclusive para contribuir para que os resultados do tratamento sejam atingidos".[320]

17. A preocupação em deixar o velho paradigma processual penal está presente na Justiça Restaurativa, uma vez que rompe com algumas características básicas do modelo processual penal atualmente em vigor, pois (a) a vítima poderá participar dos debates; (b) o procedimento poderá não resultar em prisão para o acusa-

---
[318] CARVALHO, Salo de. *A Política Criminal de Drogas no Brasil (estudo criminológico e dogmático)*, p. 229.
[319] Idem, p. 232.
[320] WEIGERT, Mariana. *O Discurso Psiquiátrico na Imposição e Execução das Medidas de Segurança*, p. 608.

do, mesmo que ele venha a admitir que praticou o delito e provas venham a corroborar a confissão; (c) há a possibilidade de acordo entre as partes independentemente de homologação judicial; (d) os operadores jurídicos deixam de ser absolutamente imprescindíveis nesse modelo, embora não sejam dispensáveis, abrindo espaço para um enfrentamento interdisciplinar do conflito interpessoal; dentre outras características. Tais condições possibilitam que a Justiça Restaurativa instaure uma nova lógica processual, rompendo com a epistemologia que legitima o atual processo penal.

18. Escancaradamente marcada pela supressão de direitos e garantias, bem como da instantaneidade das respostas, a Justiça Instantânea tornou-se um espaço de enfraquecimento da Constituição e de deificação da velocidade. Inúmeros discursos têm sido proclamados para justificar toda a agilidade que o Projeto pressupõe e que, essa sim, responderia a um ideal de justiça que toda a sociedade almeja. Acontece que se acaba deixando de lado os direitos constitucionalmente assegurados para dar razão a toda essa prática antigarantista, violadora dos direitos e garantias dos cidadãos. Imprópria, portanto, a Justiça Instantânea para funcionar no atual sistema jurídico brasileiro, por violações constantes e incessantes de princípios e valores constiticionais.

19. Acreditamos que os Juizados Especiais Criminais, oriundos de mandamento constitucional, ofereceu as condições para o questionamento do modelo de processo penal apresentado pelo Código de Processo Penal vigente – porém, desvinculado de uma capacitação completa de todos os envolvidos com a sua operacionalidade e, ainda, desarraigado dos princípios e das diretrizes constitucionais penais e processuais penais, a sua prática não modificou a realidade do sistema criminal. Pelo contrário, apresentou sinais de piora.

20. Por sua vez, as justiças Terapêutica e Instantânea não fogem da mesma base epistemológica do tradicional processo penal: enquanto a primeira é colocada em prática a fim de *neutralizar* e *sedar* determinados tipos de desviantes, sem que haja a possibilidade de diálogo entre estes e o Poder Público, a segunda apresenta a mesma funcionalidade e, quiçá, uma lógica ainda mais inquisitorial do que a existente no processo penal tradicional, em função da supressão do tempo na aplicação da(s) punição(ões).

Ademais, as *justiças* – Restaurativa e Instantânea – apresentam uma perversidade sem tamanho: buscam realizar experiências com os adolescentes acusados da prática de um ato infracional (leia-se *delito*). Como se fosse possível, consideram a esfera da justiça da infância e da juventude um "laboratório para *boas* práticas jurisdicionais",[321] desconsiderando que essa área também está inserida em um contexto de poder punitivo e, além disso, também deve ser tutelado pelos direitos e garantias constitucionais impeditivos de atuação desmesurada do poder público. Como já referiu Emilio García Mendez, "las peores atrocidades contra la infancia se cometieron (y se cometen todavía hoy), mucho más en nombre del amor y la compasión que en nombre de la propia represión".[322] Novamente nos deparamos com a freudiana *bondade dos bons*, como questiona Jacinto Nelson de Miranda Coutinho.[323]

21. A Justiça Restaurativa, entretanto, apresenta-se portando um novo ideal, uma nova possibilidade de se enfrentar os conflitos criminais, abandonando-se o velho paradigma de culpa-castigo para um paradigma de diálogo-consenso. A sua adequação ao ordenamento jurídico brasileiro ainda não é clara, e as suas premissas são pouco difundidas tanto nas academias quanto nos tribunais país afora. Porém, um maior aprofundamento de sua sistemática e uma mais ampla divulgação nas universidades e nos tribunais poderá torná-la no novo paradigma processual de (re)solução de conflitos criminais.

Este modelo, portanto, apesar de alguns problemas que podem e devem ser discutidos, sinaliza para um novo caminho para o enfrentamento dos conflitos criminais, consideravelmente desarraigado dos pressupostos modernos, mas que, no entanto, não poderá ser implementado sem uma mudança substancial no que se entende por direito penal e processual penal atualmente.

---

[321] BRANCHER, Leoberto. *Justiça, Responsabilidade e Coesão Social: Reflexões sobre a implementação da Justiça Restaurativa na Justiça da Infância e da Juventude em Porto Alegre*, p. 17.
[322] MENDEZ, Emilio Garcia. *Adolescentes y Responsabilidad Penal: un debate latinoamericano*, p. 238.
[323] COUTINHO, Jacinto Nelson de Miranda. *Glosas ao "Verdade, Dúvida e Certeza", de Francesco Carnelutti, para os Operadores do Direito*, p. 188.

Referências

ACHUTTI, Daniel; PANDOLFO, Alexandre Costi. A Razão Asséptica: elementos para pensar o direito no século XXI. In: *Revista Contemporânea de Ciências Sociais Aplicadas*. v. 4. Passo Fundo: FAPLAN, 2006.

——; RODRIGUES, Roberto da Rocha. Tempo, Memória e Direito no Século XXI: o delírio da busca da verdade real no processo penal. In: *Revista Transdisciplinar de Ciências Penitenciárias*, v. 4, n. 1. Pelotas: EDUCAT, 2005.

AZEVEDO, André Gomma. O Componente Mediação Vítima-Ofensor na Justiça Restaurativa: uma breve apresentação de uma inovação epistemológica na autocomposição penal. In: BASTOS, Márcio Thomaz; LOPES, Carlos; e RENAULT, Sérgio Rabello Tamm (orgs.). *Justiça Restaurativa: coletânea de artigos*. Brasília: MJ e PNUD, 2005. Disponível em www.justica21.org.br/interno.php?ativo=BIBLIOTECA.

AZEVEDO, Plauto Faraco de. *Direito, Justiça Social e Neoliberalismo*. São Paulo: Revista dos Tribunais, 2000.

AZEVEDO, Rodrigo Ghiringhelli. Conciliar ou Punir? – Dilemas do controle penal na época contemporânea. In: *Diálogos sobre a Justiça Dialogal*. CARVALHO, Salo; e WUNDERLICH, Alexandre. (orgs.). Rio de Janeiro: Lumen Juris, 2002.

——. *Informalização da Justiça e Controle Social: estudo sociológico da implantação dos juizados especiais criminais em Porto Alegre*. São Paulo: IBCCRIM, 2000.

BARDOU, Luiz Achylles Petiz. *Justiça Terapêutica: origem, abrangência territorial e avaliação*. Disponível em www.anjt.org.br. Acesso em 28 de junho de 2006.

BARZOTTO, Luis Fernando. *O Positivismo Jurídico Contemporâneo: uma introdução a Kelsen, Ross e Hart*. São Leopoldo: Unisinos, 2003.

BATISTA, Nilo. *Introdução Crítica ao Direito Penal Brasileiro*. 5. ed., Rio de Janeiro: Revan, 2001.

——. *Matrizes Ibéricas do Direito Penal Brasileiro – I*. Rio de Janeiro: Freitas Bastos, 2000.

BAUMER, Franklin L. *O Pensamento Europeu Moderno. Volume I. Séculos XVII e XVIII*. Lisboa: Edições 70, 1990.

BECCARIA, Cesare. *Dos Delitos e das Penas*. São Paulo: Martin Claret, 2001.

BERGSON, Henri. *Matéria e Memória. Ensaio sobre a relação do corpo com o espírito*. São Paulo: Martins Fontes, 1999.

BINDER, Alberto M. *O Descumprimento das Formas Processuais. Elementos para uma crítica da teoria unitária das nulidades no processo penal*. Rio de Janeiro: Lumen Juris, 2003.

BOBBIO, Norberto. *Teoria do Ordenamento Jurídico*. 10. ed. Brasília: EDUNB, 1999.

BRANCHER, Leoberto. *Justiça, Responsabilidade e Coesão Social: Reflexões sobre a implementação da Justiça Restaurativa na Justiça da Infância e da Juventude em Porto Alegre*. Disponível em http://jij.tj.rs.gov.br/jijsite/jijsite.home. Acesso em 17 de outubro de 2006.

CAPRA, Fritjof. *O Ponto de Mutação*. 14. ed. São Paulo: Cultrix, 1995.

———. *O Tao da Física. Um paralelo entre a física moderna e o misticismo oriental*. 27. ed. São Paulo: Cultrix, 1983.

CARVALHO, Amilton Bueno; CARVALHO, Salo. *Aplicação da Pena e Garantismo*. 3. ed. Rio de Janeiro: Lumen Juris, 2004.

CARVALHO, Salo de. Considerações sobre as Incongruências da Justiça Penal Consensual: retórica garantista, prática abolicionista. In: *Diálogos Sobre a Justiça Dialogal*. Alexandre Wunderlich e Salo de Carvalho (orgs.). Rio de Janeiro: Lumen Juris, 2002.

———. Criminologia e Transdisciplinaridade. In: *Revista do Instituto Brasileiro de Ciências Criminais*, n. 56, São Paulo: Revista dos Tribunais, 2005.

———. A Ferida Narcísica do Direito Penal (primeiras observações sobre as (dis)funções do controle penal na sociedade contemporânea). In: GAUER, Ruth M. Chittó (org.). *A Qualidade do Tempo: para além das aparências históricas*. Rio de Janeiro: Lumen Juris, 2004.

———. Garantismo Penal e Conjuntura Político-Econômica: Resistência à Globalização Neoliberal: breve crítica. In: *Revista Estudos Jurídicos*, v. 33, n. 89. São Leopoldo: Unisinos, 2000.

———. Memória e Esquecimento nas Práticas Punitivas. In: *Revista de Estudos Ibero-americanos*. Edição especial: história, tempo, memória. n. 2. Porto Alegre: EDIPUCRS, 2006.

———. *Pena e Garantias*. 2. ed. Rio de Janeiro: Lumen Juris, 2003.

———. *A Política Criminal de Drogas no Brasil (estudo criminológico e dogmático)*. 3. ed. Rio de Janeiro: Lumen Juris, 2006.

———. As Reformas Parciais no Processo Penal Brasileiro. In: CARVALHO, Amilton Bueno de; CARVALHO, Salo de. *Reformas Penais em Debate*. Rio de Janeiro: Lumen Juris, 2005.

———. *Revisita à Desconstrução do Modelo Jurídico Inquisitorial*. Porto Alegre: mimeo, 2005.

CHIES, Luiz Antônio Bogo. Do Conflito Social ao Litígio Judicial (limites e possibilidades de um constructo autopoiético). In: *Novos Diálogos sobre os Juizados Especiais Criminais*. WUNDERLICH, Alexandre; e CARVALHO, Salo. (orgs.). Rio de Janeiro: Lumen Juris, 2004.

———. É Possível se Ter o Abolicionismo como Meta, Admitindo-se o Garantismo como Estratégia? In: *Diálogos Sobre a Justiça Dialogal*. Alexandre Wunderlich e Salo de Carvalho (orgs.). Rio de Janeiro: Lumen Juris, 2002.

CHOUKR, Fauzi Hassan. *Processo Penal de Emergência*. Rio de Janeiro: Lumen Juris, 2002.

COUTINHO, Jacinto Nelson de Miranda. Efetividade do Processo Penal e Golpe de Cena: um problema às reformas processuais. In: *Escritos de Direito e Processo Penal em Homenagem ao Professor Paulo Cláudio Tovo*. WUNDERLICH, Alexandre (org.). Rio de Janeiro: Lumen Juris, 2002.

———. Glosas ao "Verdade, Dúvida e Certeza", de Francesco Carnelutti, aos Operadores do Direito. In: *Anuário Ibero-Americano de Direitos Humanos* (2001-2002). RÚBIO, David Sanchez; FLORES, Joaquín Herrera; CARVALHO, Salo (coords.). Rio de Janeiro: Lumen Juris, 2002.

———. Manifesto Contra os Juizados Especiais Criminais (Uma Leitura de Certa "Efetivação" Constitucional). In: *Novos Diálogos sobre os Juizados Especiais Criminais*. WUNDERLICH, Alexandre; e CARVALHO, Salo. (orgs.). Rio de Janeiro: Lumen Juris, 2004.

———. O Papel do Novo Juiz no Processo Penal. In: *Crítica á Teoria Geral do Direito Processual Penal*. COUTINHO, Jacinto Nelson de Miranda (coord.). Rio de Janeiro: Renovar, 2001.

CEZAR, José Antônio Daltoé. *Projeto Justiça Instantânea*. Disponível em: http:// jij.tj.rs.gov.br/jijsite/jijsite.home. Acesso em 11 de junho de 2004.

DAMÁSIO, António. *O erro de Descartes: emoção, razão e o cérebro humano*. São Paulo: Companhia das Letras: 1996.

ECO, Umberto. La Edad Media ha comenzado ya. In: ECO, Umberto; COLOMBO, Furio; ALBERONI, Francesco; e SACCO, Giuseppe. *La Nueva Edad Media*. Madrid: Alianza, 2004.

ELIAS, Norbert. *Sobre o Tempo*. Rio de Janeiro: Jorge Zahar, 1998.

———. *A Sociedade dos Indivíduos*. Rio de Janeiro: Jorge Zahar, 1994.

EYMERICH, Nicolau. *Directorium Inquisitorum* – Manual dos Inquisidores [escrito em 1376]. Revisto e ampliado por Francisco de la Peña em 1578. Rio de Janeiro: Rosa dos Tempos, 1993.

FERRAJOLI, Luigi. *Derechos y Garantías. La ley del más débil*. Madrid: Trotta, 1999.

———. *Derecho y Razón. Teoría del garantismo penal*. 4. ed. Madrid: Trotta, 2000.

———. *Los Fundamentos de los Derechos Fundamentales*. Madrid: Trotta, 2001.

FOUCAULT, Michel. *A Verdade e as Formas Jurídicas*. 2. ed. Rio de Janeiro: Nau, 2001.

FRANCO DE SÁ, Alexandre. *Metamorfoses do Poder: prolegómenos schmittianos a toda a sociedade futura*. Coimbra: Ariadne, 2004.

GARAPON, Antoine. *Bem Julgar: ensaio sobre o ritual judiciário*. Lisboa: Instituto Piaget, 1999.

GAUER, Ruth Maria Chittó. Alguns Aspectos da Fenomenologia da Violência. In: *A Fenomenologia da Violência*. Gabriel José Chittó Gauer e Ruth Maria Chittó Gauer (orgs.). Curitiba: Juruá, 1999.

———. Conhecimento e Aceleração (mito, verdade e tempo). In: GAUER, Ruth M. Chittó (org.). *A Qualidade do Tempo: para além das aparências históricas*. Rio de Janeiro: Lumen Juris, 2004.

———. GAUER, Ruth M. Chittó. *A Construção do Estado-Nação no Brasil. A contribuição dos egressos de Coimbra*. Curitiba: Juruá, 2001.

———. Falar em Tempo, Viver o Tempo! In: GAUER, Ruth M. Chittó (coord.), SILVA, Mozart Linhares (org.). *Tempo/História*. Porto Alegre: EDIPUCRS, 1998.

———. *O Reino da Estupidez e o Reino da Razão*. Rio de Janeiro: Lumen Juris, 2006.

GIACOMOLLI, Nereu José. *Legalidade, Oportunidade e Consenso no Processo Penal: na perspectiva das garantias constitucionais*. Porto Alegre: Livraria do Advogado, 2006.

GOMES PINTO, Renato Sócrates. Justiça Restaurativa é Possível no Brasil? In: BASTOS, Márcio Thomaz; LOPES, Carlos; e RENAULT, Sérgio Rabello Tamm (orgs.). *Justiça Restaurativa: coletânea de artigos*. Brasília: MJ e PNUD, 2005. Disponível em www.justica21.org.br/interno.php?ativo=BIBLIOTECA.

GONZAGA, João Bernardino. *A Inquisição em seu Mundo*. 2. ed. São Paulo: Saraiva, 1993.

GRINOVER, Ada Pellegrini; GOMES FILHO, Antonio Magalhães; FERNANDES, Antonio Scarance; GOMES, Luiz Flávio. *Juizados Especiais Criminais: comentários à Lei 9.099, de 26.09.1995*. 3. ed. São Paulo: Revista dos Tribunais, 1999.

GROSSI, Paolo. *Mitologias Jurídicas da Modernidade*. Florianópolis: Fundação Boiteux, 2004.

HAWKING, Stephen William. *Uma Breve História do Tempo: do big bang aos buracos negros*. 33. ed. Rio de Janeiro: Rocco, 1988.

JACCOULD, Mylène. Princípios, Tendências e Procedimentos que Cercam a Justiça Restaurativa. In: BASTOS, Márcio Thomaz; LOPES, Carlos; e RENAULT, Sérgio Rabello Tamm (orgs.). *Justiça Restaurativa: coletânea de artigos*. Brasília: MJ e PNUD, 2005. Disponível em www.justica21.org.br/interno.php?ativo=BIBLIOTECA.

KARAM, Maria Lúcia. *Juizados Especiais Criminais: a concretização antecipada do poder de punir*. São Paulo: Revista dos Tribunais, 2004.

KELSEN, Hans. *Teoria Pura do Direito*. Coimbra: Arménio Amado, 1976.

KONZEN, Afonso Armando. *Justiça Restaurativa e Ato Infracional. Desvelando sentidos no itinerário da alteridade*. Porto Alegre: Livraria do Advogado, 2007.

LEGENDRE, Pierre. *O Amor do Censor: ensaio sobre a ordem dogmática*. Rio de Janeiro: Forense Universitária, 1983.

LIPOVETSKY, Gilles. *La era del vacío: ensayos sobre el individualismo contemporáneo*. Barcelona: Anagrama, 1986.

———. *O império do efêmero: a moda e seu destino nas sociedades modernas*. São Paulo: Companhia das Letras, 1991.

LOPES JR., Aury. (Des)Velando o Risco e o Tempo no Processo Penal. In: *A Qualidade do Tempo: para além das aparências históricas*. Ruth Maria Chittó Gauer (org.). Rio de Janeiro: Lumen Juris, 2004.

———. *Introdução Crítica ao Processo Penal (Fundamentos da Instrumentalidade Garantista)*. Rio de Janeiro: Lumen Juris, 2004.

———. Justiça Negociada: utilitarismo processual e eficiência antigarantista. In: *Diálogos Sobre a Justiça Dialogal*. Alexandre Wunderlich e Salo de Carvalho (orgs.). Rio de Janeiro: Lumen Juris, 2002.

———. *Sistemas de Investigação Preliminar no Processo Penal*. 2. ed. Rio de Janeiro: Lumen Juris: 2003.

LUISI, Luiz. *Os Princípios Constitucionais Penais*. 2. ed. Porto Alegre: Sergio Antonio Fabris Editor, 2005.

LYOTARD, Jean-François. *O Inumano: considerações sobre o tempo*. Lisboa: Estampa, s/d.

MAFFESOLI, Michel. *A Contemplação do Mundo*. Porto Alegre: Sulina, 1998.

MARANHÃO NETO, Arnaldo Fonseca de Albuquerque. *Estudos sobre a Justiça Terapêutica*. Recife: Bagaço, 2003.

MÁRQUEZ, Gabriel Garcia. *Cem Anos de Solidão*. São Paulo: Record, 1997.

MARSHALL, Chris. Como a Justiça Restaurativa Assegura a Boa Prática: uma abordagem baseada em valores. In: BASTOS, Márcio Thomaz; LOPES, Carlos; e RENAULT, Sérgio Rabello Tamm (orgs.). *Justiça Restaurativa: coletânea de artigos*. Brasília: MJ e PNUD, 2005. Disponível em www.justica21.org.br/interno.php?ativo=BIBLIOTECA.

MARTINS, Rui. O nome da alma: "memória", por hipótese. In: GAUER, Ruth Maria Chittó (org.). *A Qualidade do Tempo: para além das aparências históricas*. Rio de Janeiro: Lumen Juris, 2004.

MARTON, Scarlet. *Nietzsche: uma filosofia a marteladas*. São Paulo: Brasiliense, 1999.

MATE, Reyes. *Memórias de Auschwitz: atualidade e política*. São Leopoldo: Nova Harmonia, 2005.

MELO, Eduardo Rezende. Justiça Restaurativa e seus Desafios Histórico-Culturais. Um ensaio crítico sobre os fundamentos ético-filosóficos da justiça restaurativa em contraposição à justiça retributiva. In: BASTOS, Márcio Thomaz; LOPES, Carlos; e RENAULT, Sérgio Rabello Tamm (orgs.). *Justiça Restaurativa: coletânea de artigos*. Brasília: MJ e PNUD, 2005. Disponível em www.justica21.org.br/interno.php?ativo=BIBLIOTECA.

MENDEZ, Emilio Garcia. Adolescentes y Responsabilidad Penal: un debate latinoamericano. In: *Revista Brasileira de Ciências Criminais*, a. 12, n. 48. São Paulo: Revista dos Tribunais, maio/junho de 2004.

MORETTO, Rodrigo. *Crítica Interdisciplinar da Pena de Prisão: controle do espaço na sociedade do tempo*. Rio de Janeiro: Lumen Juris, 2006.

MORIN, Edgar. *A Cabeça Bem-Feita: repensar a reforma, reformar o pensamento*. Trad. Eloá Jacobina. 11ª ed. RJ: Bertrand Brasil, 2005.

———. *Para Sair do Século XX*. Rio de Janeiro: Nova Fronteira, 1986.

MORRIS, Alison. Criticando os Críticos: uma breve resposta aos críticos da justiça restaurativa. In: BASTOS, Márcio Thomaz; LOPES, Carlos; e RENAULT, Sérgio Rabello Tamm (orgs.). *Justiça Restaurativa: coletânea de artigos*. Brasília: MJ e PNUD, 2005. Disponível em www.justica21.org.br/interno.php?ativo=BIBLIOTECA.

OST, François. *O Tempo do Direito*. Lisboa: Piaget, 1999.

PALLAMOLLA, Raffaella da Porciuncula. *A Justiça Restaurativa da Teoria à Prática – relações com o sistema de justiça criminal e implementação no Brasil*. Dissertação de Mestrado. Programa de Pós-Graduação em Ciências Criminais – Pontifícia Universidade Católica do Rio Grande do Sul. Porto Alegre: 2008.

PARKER, L. Lynette. Justiça Restaurativa: um veículo para a reforma? In: BASTOS, Márcio Thomaz; LOPES, Carlos; e RENAULT, Sérgio Rabello Tamm (orgs.). *Justiça Restaurativa:*

coletânea de artigos. Brasília: MJ e PNUD, 2005. Disponível em www.justica21.org.br/interno.php?ativo=BIBLIOTECA.

PASTANA, Débora Regina. *Cultura do Medo: reflexões sobre violência criminal, controle social e cidadania no Brasil*. São Paulo: Método, 2003.

PRADO, Geraldo; CARVALHO, L. G. Grandinetti Castanho de. *Lei dos Juizados Especiais Criminais: comentada e anotada*. 4. ed. Rio de Janeiro: Lumen Juris, 2006.

PRADO, Geraldo. *Transação Penal*. 2. ed. Rio de Janeiro: Lumen Juris, 2006.

PRIGOGINE, Ilya. *O Fim das Certezas: tempo, caos e as leis da natureza*. São Paulo: EDUNESP, 1999.

ROLIM, Marcos. Justiça Restaurativa: para além da punição. In: *Justiça Restaurativa: um caminho para os direitos humanos?* ROLIM, Marcos, *et. alii*. Porto Alegre: IAJ, 2004.

ROSA, Alexandre Morais da. *Decisão Penal: a bricolage de significantes*. Rio de Janeiro: Lumen Juris, 2006.

SANTOS, Boaventura de Sousa. *A Crítica da Razão Indolente: contra o desperdício da experiência*. São Paulo: Cortez, 2002.

SARAIVA, João Batista Costa. A Idade e as Razões: não ao rebaixamento da imputabilidade penal. In: *Revista de Estudos Criminais*, n. 04. Sapucaia do Sul: Notadez, 2001.

SARAMAGO, José. *Ensaio Sobre a Cegueira*. SP: Companhia das Letras, 1995.

SCHMIDT, Andrei Zenkner. *O Princípio da Legalidade Penal no Estado Democrático de Direito*. Porto Alegre: Livraria do Advogado, 2001.

SCURO NETO, Pedro. Chances e Entraves para a Justiça Restaurativa na América Latina. In: BASTOS, Márcio Thomaz; LOPES, Carlos; e RENAULT, Sérgio Rabello Tamm (orgs.). *Justiça Restaurativa: coletânea de artigos*. Brasília: MJ e PNUD, 2005. Disponível em www.justica21.org.br/interno.php?ativo=BIBLIOTECA.

SICA, Leonardo. *Justiça Restaurativa e Mediação Penal: o novo modelo de justiça criminal e de gestão do crime*. Rio de Janeiro: Lumen Juris, 2007.

SILVA, Ricardo de Oliveira. *Justiça Terapêutica: um programa judicial de atenção ao infrator usuário e ao dependente químico*. Disponível em www.anjt.org.br. Acesso em 21 de outubro de 2005.

SOUZA, Ricardo Timm de. *Ética como Fundamento: uma introdução á Ética contemporânea*. São Leopoldo: Nova Harmonia, 2004.

———. *Metamorfose e Extinção: sobre Kafka e a patologia do tempo*. Caxias do Sul: EDUCS, 2000.

———. *Totalidade e Desagregação: sobre as fronteiras do pensamento e suas alternativas*. Porto Alegre: EDIPUCRS, 1996

THUMS, Gilberto. *Sistemas Processuais Penais*. Rio de Janeiro: Lumen Juris, 2005.

TOURINHO FILHO, Fernando da Costa. *Processo Penal*. 27. ed. São Paulo: Saraiva, 2005.

VASCONCELLOS, Silvio e GAUER, Gabriel. Contribuições da Psicologia Cognitiva para a compreensão dos diferentes olhares direcionados ao comportamento delitivo. In: *Revista de Estudos Criminais*, n. 14. Sapucaia do Sul: Notadez, 2004.

VITTO, Renato Campos de. Justiça Criminal, Justiça Restaurativa e Direitos Humanos. In: BASTOS, Márcio Thomaz; LOPES, Carlos; e RENAULT, Sérgio Rabello Tamm (orgs.). *Justiça Restaurativa: coletânea de artigos*. Brasília: MJ e PNUD, 2005. Disponível em www.justica21.org.br/interno.php?ativo=BIBLIOTECA.

WACQUANT, Loïc, *As Prisões da Miséria*. Rio de Janeiro: Jorge Zahar, 2001.

———. *Punir os Pobres: a nova gestão da miséria nos Estados Unidos*. Rio de Janeiro: Freitas Bastos, 2001.

WARAT, Luis Alberto. Sobre a Impossibilidade de Ensinar Direito: notas polêmicas para a desescolarização do direito. In: WARAT, L. A. *Epistemologia e Ensino do Direito: o sonho acabou*. V. II. Florianópolis: Boiteux, 2004.

WEIGERT, Mariana. O Discurso Psiquiátrico na Imposição e Execução das Medidas de Segurança. In: CARVALHO, Salo de (org.). *Crítica à Execução Penal*. 2. ed. Rio de Janeiro: Lumen Juris, 2007.

WOLKMER, Antônio Carlos. *Pluralismo Jurídico*. 3. ed. São Paulo: Alfa-Ômega, 2001.

WUNDERLICH, Alexandre. Sociedade de Consumo e Globalização: abordando a teoria garantista na barbárie. (Re)Afirmação dos Direitos Humanos. In: *Diálogos Sobre a Justiça Dialogal*. Alexandre Wunderlich e Salo de Carvalho (orgs.). Rio de Janeiro: Lumen Juris, 2002.

———. A Vítima no Processo Penal: impressões sobre o fracasso da Lei 9.099/95. In: *Revista Brasileira de Ciências Criminais*, a. 12, n. 47. São Paulo: Revista dos Tribunais, março/abril de 2004.

ZAFFARONI, Eugenio Raúl; BATISTA, Nilo; ALAGIA, Alejandro; SLOKAR, Alejandro. *Direito Penal Brasileiro – I*. Rio de Janeiro: Revan, 2003.

ZEHR, Howard. *Trocando as Lentes: um novo foco sobre o crime e a justiça*. São Paulo: Palas Athena, 2008.

Impressão:
Evangraf
Rua Waldomiro Schapke, 77 - P. Alegre, RS
Fone: (51) 3336.2466 - Fax: (51) 3336.0422
E-mail: evangraf.adm@terra.com.br